工业和信息化高职高专"十二五"
规划教材立项项目

基础会计实训

Basic Accounting Practice

袁三梅 ◎ 主编

洪煜娴 陈玲 曾理 柳芝 ◎ 副主编

彭林君 ◎ 主审

人民邮电出版社

北京

图书在版编目（CIP）数据

基础会计实训 / 袁三梅主编. -- 北京 : 人民邮电出版社，2012.9（2014.12 重印）
21世纪高等职业教育财经类规划教材. 财务会计类
ISBN 978-7-115-28390-0

Ⅰ. ①基… Ⅱ. ①袁… Ⅲ. ①会计学－高等职业教育－教材 Ⅳ. ①F230

中国版本图书馆CIP数据核字(2012)第173818号

内 容 提 要

本书是《基础会计》教材的配套辅导教材。全书分为六大模块，内容包括会计入门、填制与审核原始凭证、填制与审核记账凭证、设置与登记账簿、编制会计报表和综合能力实训。针对每个模块的基本理论和实操业务都安排了相对应的实际操作测试题目。

本书既可作为高等职业教育相关课程的教材，也可作为财会人员的岗位培训教材，还可作为财会工作者和经营管理人员的参考用书。

21 世纪高等职业教育财经类规划教材 • 财务会计类

基础会计实训

◆ 主　　编　袁三梅
　副 主 编　洪煜娴　陈　玲　曾　理　柳　芝
　主　　审　彭林君
　责任编辑　刘　琦

◆ 人民邮电出版社出版发行　　北京市丰台区成寿寺路 11 号
　邮编　100164　　电子邮件　315@ptpress.com.cn
　网址　http://www.ptpress.com.cn
　北京隆昌伟业印刷有限公司印刷

◆ 开本：700×1000　1/16
　印张：7.25　　　2012 年 9 月第 1 版
　字数：137 千字　　　2014 年 12 月北京第 5 次印刷

ISBN 978-7-115-28390-0

定价：18.00 元

读者服务热线：(010) 81055256　印装质量热线：(010) 81055316
反盗版热线：(010) 81055315
广告经营许可证：京崇工商广字第0021号

前　言

本书依据教育部最新文件精神和国家示范高职院校建设中课程体系与教学内容改革工作任务的指导思想，从高职人才培养目标出发，组织有多年一线教学经验的教师团队编写完成。

本书与《基础会计》一书配套使用，通过设置六个实训模块，着重培养学生的实际动手操作能力。本教材的特点如下。

1. 高度仿真

本书第六模块在原始单据的制作上严格按照相关制度要求，所使用的原始单据尽量模拟实际工作使用的单据，力求接近真实，使学生有身临其境的感觉。另外，书中还附有一些仿真性很高的空白原始单据，要求学生自行填写。

2. 操作性强

本书的实训内容配合《基础会计》教材的各模块使用，针对每个模块的业务内容，都安排了大量的实际操作题和训练题。模块实训六安排了先锋企业一个月的业务实训，模拟一个企业会计的整个业务操作流程，让学生真正实现“做中学，学中做”，从而达到提高学生综合能力的目的。

3. 结构新颖

本书内容按照行动导向教学理念编排，先提出实训目的和实训要求，再通过实训基础知识自我测试考核学习者对教学内容的掌握情况，最终通过综合实训强化训练学生的动手操作能力。

本书由江西工业贸易职业技术学院的袁三梅担任主编，江西外语外贸职业学院的彭林君担任主审，江西外语外贸职业学院的洪煜娴、陈玲、曾理、柳芝担任副主编，另外江西外语外贸职业学院的彭林君、闵权凤、黄娟也参与了本书的编写，同时还负责本书资料的搜集和整理工作。本书编写分工为：模块实训一由袁三梅和曾理编写；模块实训二由洪煜娴编写；模块实训三由袁三梅和陈玲编写；模块实训四由曾理和黄娟编写；模块实训五由彭林君和闵权凤编写；模块实训六由柳芝和洪煜娴编写。

本书在编写过程中参考了大量文献和资料，在此向相关作者表示感谢！由于编者水平有限，书中难免有疏漏和错误之处，敬请广大读者在使用过程中批评指正，以便修订时加以改善。

编　者

2012 年 5 月

目　录

模块实训一

会 计 入 门

实训目的和要求

实训目的：

通过模拟实践操作，学生能够了解企业组织和企业基本业务流程，明确会计工作组织的内容，掌握会计的职能、基本前提、对象、目标等重要知识。

实训要求：

1. 了解会计的基本含义。
2. 掌握会计的特点、职能、对象和目标。
3. 掌握会计核算方法的组成内容和相互联系。
4. 了解会计人员职业道德。

基础知识自我测试

一、单项选择题

1. 会计的基本职能包括（　　）。

   A. 会计控制与会计决策　　B. 会计预测与会计控制

   C. 会计核算与会计监督　　D. 会计计划与会计决策

2. 下列项目中，不属于会计核算方法的是（　　）。

   A. 复式记账　B. 成本计算　C. 财产清查　D. 编制财务预算

3. 会计的核算的（　　）是指所有的会计对象都要进行确认、计量、记录和报告，不能有任何遗漏。

A. 完整性　B. 连续性　C. 系统性　D. 及时性

4. 下列不属于会计核算的环节的是（　　）。

A. 确认　B. 记录　C. 报告　D. 报账

5. 会计主要的计量单位是（　　）。

A. 货币　B. 劳动量　C. 实物　D. 价格

6. 会计的首要职能是（　　）。

A. 会计监督　B. 会计核算

C. 参与经济决策　D. 进行财务预测

7. 由于（　　）产生了权责发生制和收付实现制不同的记账基础。

A. 会计主体　B. 持续经营　C. 会计分期　D. 货币计量

8. 在会计核算的基本前提中，确定会计核算空间范围的是（　　）。

A. 会计主体　B. 持续经营

C. 会计分期　D. 货币计量

9. 会计分期是把企业持续经营过程划分为若干个起讫日期较短的会计期间，其起讫日期通常为（　　）。

A. 一个会计日度　B. 一个会计月度

C. 一个会计年度　D. 一个会计季度

10. 下列关于会计监督职能的表述中，不正确的是（　　）。

A. 会计的监督职能是指对特定对象经济业务的合法性、合理性进行审查

B. 会计监督可以分为事前、事中和事后监督

C. 会计监督是会计核算的基础

D. 会计监督是会计核算的质量保障

11. 属于行政职务的是（　　）。

A. 高级会计师　B. 中级会计师

C. 助理会计师　D. 总会计师

12. 确认办公用楼租金 80 万元，用银行存款支付 10 万元，70 万元未付。按照权责发生制和收付实现制分别确认费用（　　）。

A. 10 万元，80 万元　B. 80 万元，0 万元

C. 80 万元，50 万元　D. 80 万元，10 万元

13. 在会计核算过程中，会计处理方法前后各期（　　）。

A. 应当一致，不得随意变更　B. 可以变动，但须经过批准

C. 可以任意变动　D. 应当一致，不得变动

14. 下列不属于会计职称的是（　　）。

A. 高级会计师 B. 中级会计师 C. 助理会计师 D. 注册会计师

15. 初级会计职称考试科目需要在（　　）年之内全部通过才能取得资格证书。

A. 1 B. 2 C. 3 D. 5

二、多项选择题

1. 会计核算的基本假设包括（　　）。

A. 会计主体 B. 持续经营 C. 会计分期 D. 货币计量

2. 会计核算是指会计以货币为主要计量单位，通过（　　）等环节，反映特定主体的经济活动，向有关各方提供会计信息。

A. 确认 B. 计量 C. 记录 D. 报告

3. 会计核算的方法包括（　　）等。

A. 设置会计科目和账户　　B. 复式记账

C. 填制和审核会计凭证　　D. 登记账簿

4. 下列属于会计信息质量要求的是（　　）。

A. 真实性 B. 及时性 C. 可比性 D. 可理解性

5. 会计的基本职能包括（　　）。

A. 进行会计核算

B. 实施会计监督

C. 预测经济前景，参与经济决策

D. 评价经营业绩

6. 会计中期包括（　　）。

A. 年度 B. 半年度 C. 季度 D. 月度

7. 下列各项，属于对会计信息质量要求的有（　　）。

A. 及时性 B. 相关性 C. 可比性 D. 权责发生制

8. 会计信息的首要质量要求有（　　）。

A. 可靠性 B. 相关性 C. 可理解性 D. 谨慎性

9. 下列关于会计核算的基本前提的描述正确的有（　　）。

A. 会计核算的四项基本前提具有相互依存、相互补充的关系

B. 没有会计主体，就不会有持续经营

C. 没有持续经营，就不会有会计分期

D. 没有货币计量，就不会有现代会计

10. 谨慎性原则要求会计人员在选择会计处理方法时（　　）。

A. 不高估资产　　B. 不低估负债

C. 预计任何可能的收益　　D. 确认一切可能发生的损失

11. 在下列组织中，可以作为会计主体的是（　　）。

A. 企业的事业部　　B. 分公司

C. 生产车间　　D. 销售部门

12. 下列各项中，属于会计核算方法的有（　　）。

A. 设置会计科目　　B. 填制和审核会计凭证

C. 成本计算　　D. 财产清查

三、判断题

1. 会计是随着人们的生产实践和管理上的需要而产生和发展的。（　　）

2. 会计的职能只包括会计核算和会计监督两个方面。（　　）

3. 根据《企业会计准则》的规定，会计核算以人民币为记账本位币。业务收支以人民币以外的货币为主的单位，可以选定其中一种货币作为记账本位币，但是编报的财务会计报告应当折算为人民币。（　　）

4. 会计只能以货币为计量单位。（　　）

5. 会计监督包括事后监督、事中监督和事后监督。（　　）

6. 根据谨慎性要求企业在进行会计核算时，不得多计负债或费用、少计资产或收益。（　　）

7. 法律主体必定是会计主体，会计主体也必定是法律主体。（　　）

8. 会计主体核算的生产经营活动也包括其他企业或投资者个人的其他生产经营活动。（　　）

9. 持续经营假设是假设企业可以长生不老，即使进入破产清算，也不应该改变会计核算方法。（　　）

10. 按照权责发生制原则的要求，凡是本期实际收到款项的收入和付出款项的费用，不论是否归属于本期，都应当作为本期的收入和费用处理。（　　）

11. 由于有了持续经营这个会计核算的基本前提，才产生了当期与其他期间的区别，从而出现了权责发生制与收付实现制的区别。（　　）

12. 业务收支以外币为主的单位，也可以选择某种外币作为记账本位币，并按照记账本位币编制财务会计报告。（　　）

13. 会计人员可以根据自身情况来选择是否参加继续教育。（　　）

14. 企业会计的确认、计量和报告应当以收付实现制为基础。（　　）

15. 我国《企业会计准则》规定，一个会计年度从阴历的 1 月 1 日到 12 月 31 日。（　　）

模块实训二

填制与审核原始凭证

实训目的和要求

实训目的：

通过模拟实践操作，学生应该能根据原始凭证的种类判断发生的是何种经济业务，并能正确规范地填写和审核各类经济业务的原始凭证。

实训要求：

1. 掌握原始凭证的基本要素。
2. 掌握原始凭证的种类、填制要求。
3. 掌握原始凭证审核的内容。
4. 掌握原始凭证审核后的处理方法。

基础知识自我测试

一、单项选择题

1. 会计日常核算工作的起点是（　　）。

   A. 财产清查　　B. 填制和审核原始凭证

   C. 登记会计账簿　　D. 设置会计科目和账户

2. 在会计实务中，原始凭证按照填制手续的不同，可以分为（　　）。

   A. 通用凭证和专用凭证　　B. 收款凭证、付款凭证和转账凭证

C. 一次凭证、累计凭证和汇总凭证

D. 外来原始凭证和自制原始凭证

3. 会计机构、会计人员对不真实、不合法的原始凭证和违法收支（　　）。

A. 有权不予受理　　B. 予以退回

C. 予以纠正　　D. 予以反映

4. 下列记账凭证中，可以不附原始凭证的是（　　）。

A. 所有收款凭证　　B. 所有付款凭证

C. 所有转账凭证　　D. 用于结账的记账凭证

5. 对原始凭证应退回补充完整或更正错误，是属于（　　）。

A. 原始凭证违法行为　　B. 原始凭证真实、合法、合理

C. 原始凭证不真实、不合法　　D. 原始凭证真实、合法、合理但不完整

6. 原始凭证有错误的，正确的处理方法是（　　）。

A. 向单位负责人报告　　B. 退回，不予接受

C. 由出具单位重开或更正　　D. 本单位代为更正

7. 下列表示方法正确的是（　　）。

A. ￥ 726.00　　B. ￥75.00

C. 人民币伍拾陆元捌角伍分整　　D. 人民币 柒拾陆元整

8. 连续反映某一时期内不断重复发生而分次进行的特定业务编制的原始凭证有（　　）。

A. 一次凭证　B. 累计凭证　C. 记账凭证　D. 汇总原始凭证

9. 下列属于累计凭证的是（　　）。

A. 领料单　　B. 限额领料单

C. 耗用材料汇总表　　D. 工资汇总表

10. 下列关于原始凭证的说法不正确的是（　　）。

A. 按照来源的不同，分为外来原始凭证和自制原始凭证

B. 按照格式的不同，分为通用原始凭证和专用原始凭证

C. 按照填制手续及内容不同，分为一次原始凭证、累计原始凭证和汇总原始凭证

D. 按照填制方法不同，分为外来原始凭证和自制原始凭证

11. 原始凭证按（　　）分类，分为一次凭证、累计凭证等类。

A. 用途和填制程序　　B. 形成来源

C. 填制方式　　D. 填制程序及内容

12. 在原始凭证上书写阿拉伯数字，错误的做法是（　　）。

A. 金额数字前书写货币币种符号

B. 币种符号与金额数字之间要留有空白

C. 币种符号与金额数字之间不得留有空白

D. 数字前写有币种符号的，数字后不再写货币单位

13. 下列不能作为会计核算的原始凭证的是（　　）。

A. 发货票　　B. 合同书　　C. 入库单　　D. 领料单

14. 不符合原始凭证基本要求的是（　　）。

A. 从个人取得的原始凭证，必须有填制人员的签名盖章

B. 原始凭证不得涂改、刮擦、挖补

C. 上级批准的经济合同，应作为原始凭证

D. 大写和小写金额必须相等

15. 下列内容属于原始凭证“完整性”审核范围的是（　　）。

A. 记录的经济业务有否违反国家法律法规

B. 记录的经济业务有否违反企业内部制度、计划和预算

C. 原始凭证是否经填制单位签章，大小写金额是否齐全

D. 大小写金额是否一致

16. 会计机构、会计人员对真实、合法、合理但内容不够完整、填写有错误的原始凭证，应当（　　）。

A. 不予受理　　B. 予以受理

C. 予以纠正　　D. 予以退回，要求更正、补充或重开

17. 审核原始凭证所记录的经济业务是否符合企业生产经营活动的需要、是否符合有关的计划和预算，属于（　　）审核。

A. 合理性　　B. 合法性　　C. 真实性　　D. 完整性

18. 下列有关原始凭证错误的更正不正确的是（　　）。

A. 原始凭证记载的各项内容均不得涂改

B. 原始凭证金额错误的可在原始凭证上更正

C. 原始凭证错误的应由出具单位重开，更正处加盖单位印章

D. 原始凭证金额错误的不可在原始凭证上更正

19. 会计机构的会计人员对不真实、不合法的原始凭证和违法收支（　　）。

A. 有权不予受理　　B. 予以退回

C. 予以纠正　　D. 予以反映

二、多项选择题

1. 以下属于原始凭证内容的有（　　）。

A. 有关人员签章　　B. 经济业务的内容

C. 经济业务所设计的会计科目及其记账方向

D. 原始凭证名称

2. 下列关于原始凭证填制要求说法错误的有（　　）。

A. 单位自制的原始凭证必须有经办单位或其他指定人员的签名盖章

B. 人民币符号与阿拉伯数字之间可以留有空白

C. ￥1 003.00，大写金额应写成“壹仟零叁元”

D. 所有的原始凭证上都应该有填制人员的签章

3. 原始凭证审核内容包括（　　）。

A. 真实性审查　　B. 合法性审查

C. 科目方向的审查　　D. 及时性审查

4. 下列凭证中，是自制原始凭证的有（　　）。

A. 领料单　　B. 购货发票

C. 工资发放表　　D. 银行转账的结算凭证

5. 下列项目中，属于原始凭证的有（　　）。

A. 购货合同　　B. 提货单

C. 发出材料汇总表　　D. 制造费用分配表

6. 原始凭证按照格式的不同，分为（　　）。

A. 专用原始凭证　　B. 自制原始凭证

C. 通用原始凭证　　D. 外来原始凭证

7. 下列不属于原始凭证的有（　　）。

A. 经济合同　　B. 材料请购单

C. 生产通知单　　D. 发出材料汇总表

8. 对外来原始凭证的审核内容包括（　　）。

A. 经济业务的内容是否真实

B. 填制单位公章和填制人员签章是否齐全

C. 填制凭证的日期是否真实

D. 是否有本单位公章和经办人签章

9. 下列属于发票监制章鉴别内容的有（　　）。

A. 发票监制章形状为椭圆形

B. 上环刻制“全国统一发票监制章”字样

C. 下环刻制“国家税务局监制”或“地方税务局监制”字样

D. 中间刻制监制税务机关所在地的全称或简称

10. 银行票据的审查应注意事项有（　　）。

A. 票据必须记载的事项是否齐全

B. 票据记载的收款人或被背书人是否确为本单位或本人

C. 出票金额大小写是否一致，银行汇票、本票的小写金额是否用压数机压印

D. 票据上出票人、承兑人、背书人签章是否清晰并符合规定

11. 下列说法正确的是（　　）。

A. 原始凭证必须记录真实，内容完整

B. 一般原始凭证发生错误，必须按规定办法更正

C. 有关现金和银行存款的收支凭证，如果填写错误，必须作废

D. 购买实物的原始凭证，必须有验收证明

12. 填制和审核会计凭证的意义有（　　）。

A. 记录经济业务，提供记账依据

B. 明确经济责任，强化内部控制

C. 监督经济活动，控制经济运行

D. 促使企业盈利，提高企业竞争力

13. 对外来原始凭证进行真实性审核的内容包括（　　）。

A. 经济业务的内容是否真实

B. 填制的凭证日期是否正确

C. 填制单位公章和填制人员签章是否齐全

D. 是否有本单位公章和经办人签章

14. 企业购买材料一批并已入库，该项业务有可能存在如下原始凭证（　　）。

A. 发票　　B. 支票　　C. 货运单据　　D. 入库单

15. 原始凭证的审核内容包括（　　）等方面。

A. 真实性　　B. 合法性、合理性

C. 正确性、及时性　　D. 完整性

三、判断题

1. 原始凭证金额出现错误的可以画线予以更正。（　　）

2. 原始凭证已预先印定编号的，在填写错误作废时，可以撕毁。（　　）

3. 原始凭证开具单位对填制有误的原始凭证，负有更正和重新开具的法律义务，不得拒绝。（　　）

4. 从个人取得原始凭证，必须有填制人员的签名盖章。（　　）

5. 从外单位取得的原始凭证应盖有填制单位的公章，但有些特殊原始凭证例外。（　　）

6. 任何会计凭证都必须经过有关人员的严格审核，确认无误后，才能作为记账的依据。（　　）

7. 只要是真实的原始凭证就可以作为收付财物和记账的依据。（　　）

8. 对于真实、合法、合理但内容不够完整、填写有错误的原始凭证，应由会计

人员更正错误后，再办理正式会计手续。（　）

四、业务题

1．实训一

实训资料：

长江有限公司会计人员王磊在复核原始凭证时，遇到下列情况。

（1）取得的一张增值税发票实际由北方公司开出，而凭证上注明为万城公司开出，并且没有加盖公司公章。

（2）销售二部的销售员吴坤按规定只能报销火车票，但报销的却是飞机票，而且是全额报销。

（3）出纳人员李敏签发一张 2 000 元的现金支票，只有李敏的签名。

实训要求：试分析上述情况有无问题？并说明理由。

2．实训二

实训资料：

盛世有限公司采购部采购员廖颖 2011 年 4 月 25 日拟去长沙市采购原材料，经业务授权人（采购部部长）王波平签章同意，预借差旅费现金 2 500 元。廖颖填制一联借款单，出纳员徐峰付给廖颖现金 2 500 元。经财务稽核人员周平稽核，将审核后的借款单交会计何洁编制现金付款凭证。财务部经理为杜艳艳。

4 月 28 日，廖颖完成采购业务回来，经审核，实际支出差旅费及补助 1 950 元（其中往返火车费共计 480 元，住宿费 900 元，伙食补助费 400 元，其他杂费 170 元），交回剩余现金。

实训要求：填制盛世有限公司差旅费借款单表 2-1，差旅费报销单表 2-2。

表 2-1

借 款 单

年　月　日

借款部门		姓名		财务部经理		审核	
						记账	
项目	预付差旅费	出差事由		出差地点		部门经理	
	其他借款	借款理由					
		对方单位		账号开户行		付款方式	
人民币：（大写）						￥	

借款人签字：

表 2-2

差旅费报销单

单位＿＿＿＿＿＿＿＿　年　月　日　金额　单位：元

起日		止日		合计天数	各项补助费						车船与杂支费						合计金额
					伙食补助费			公杂费包干			火车费	汽车费	轮船费	飞机费	住宿费	其他杂支	
月	日	月	日		天数	标准	金额	天数	标准	金额							
合计人民币（大写）　万　仟　佰　拾　元　角　分												￥					
原借差旅费＿＿＿＿元　报销＿＿＿＿元　剩余交回＿＿＿＿元																	
出差事由																	

附件　张

会计主管：　审核：　制单：　部门主管：　报销人：

3. **实训三**

实训资料：

盛世有限公司是增值税一般纳税人，开户行为中国工商银行洪都大道分理处，账号为 34576788011，税务登记号：257896347657998（财务部经理：杜艳艳；会计：曾丽；出纳：王小珠），2011 年 8 月该公司发生的具体经济业务如下。

（1）8 月 2 日，财务部出纳员王小珠开出现金支票 3 000 元，作为备用金。

（2）8 月 3 日，采购部采购员廖颖外出采购原材料，预借差旅费 2 500 元。

实训要求：

（1）以出纳员的身份填写现金支票，格式如表 2-3 所示。

（2）以廖颖的身份填写借款单，格式如表 2-4 所示。

表 2-3

现金支票

中国工商银行（赣） 现金支票存根 No.45681538	中国工商银行现金支票　No.944461456 出票日期（大写）　年　月　日　付款行名称： 收款人：　出票人账号：
附加信息＿＿＿＿	人民币(大写)　　千 百 十 万 千 百 十 元 角 分
出票日期　年　月　日 收款人： 金　额： 用　途：	上列款项请从我账户内支付。　出票人盖章 密码： 用途： 科目（借） 对方科目（贷）＿＿＿＿ 付讫日期　年　月　日 出纳　复核　记账　验印 贴对号单处
单位主管 会计	本支票付款期限十天

表 2-4

借款单

年　月　日

单位		姓名		财务部经理		审批	
项目	预付差旅费	出差事由		出差地点		部门经理	
	其他借款	借款理由					
		对方单位		账号开户行		付款方式	
人民币：（大写）				¥			

借款人签字：

4. 实训四

实训资料：

盛世公司出纳收到以下一些会计原始凭证，如图 2-1 至图 2-4 所示。

实训要求：指出下列原始凭证存在的问题。

中国建设银行 转账支票存根 （实习）
VI VI 000(　　)
科　目
对方科目
出票日期2011年 11月 4 日
收款人：南昌盛世有限公司
金　额：3000.00
用　途：货款
单位主管　　会计

本支票付款期限十天

中国建设银行 转账支票（实习）专用 VI VI 0000(
出票日期（大写）　2011 年 11 月 4 日　付款行名称：建行昌北支行
收款人：南昌盛世有限责任公司　出票人账号：62218986561

人民币（大写）	叁仟元整	亿	千	百	十	万	千	百	十	元	角	分
							3	0	0	0	0	0

用途 货款　　科目（借）
上列款项请从　　对方科目（贷）
我账户内支付　　转账日期　年　月　日
出票人签章　　复核　　记账

图 2-1

借支单

2011 年 11 月 9 日　　部门：销售部

借支人姓名	陈红			职　务	经理		
借支事由	出差						
人民币（大写）	叁仟元整				¥3000.00		
核准	刘雪华	会计	宋珍	出纳	江华	借支人	

图 2-2

江西增值税专用发票

3600054140　　发票联　　№ 00359507

开票日期2011　年11月13日

购货单位	名　　称：南昌盛世责任有限公司 纳税人识别号：347357800865 地址、电话：南昌市高新区12号 开户行及账号：建行高新分理处 65208767827				密码区	<73－1＊40208<88－1<651/ 91755420＋693<＋81/3－1－17＊<－187778＋64＋2＊16<－＋61－6625>6＊892001>>－5	加密版本：01 3600054140 00042907	
货物或应税劳务名称	规格型号	单位	数量	单价	金额	税率	税额	
毛毯	pk8002	条	278	165.00	45870.00	17%	7797.90	
合　　计					45870.00	17%	7797.90	
价税合计（大写）	拾伍万叁仟陆佰陆拾柒元玖角　分				（小写）¥53667.9			
销货单位	名　　称：南昌金泰外贸公司 纳税人识别号：398627625578 地址、电话：南昌市沿江路 218号 开户行及账号：工商银行沿江路支行 76383387658				备注			

收款人：　　复核：　　开票人：　　销货单位

国税函〔2005〕520号南昌华森实业公司

第二联：发票联　购货方记账凭证

图 2-3

南昌市统一收款收据

（内部使用）

2011年 11月 20日　　　　№ 0000（ 11012 ）

交款单位	新发股份有限公司						
交款事项	购买专利权			交款方式	转账		
金额（大写）	拾五万元整　（¥:150000.00）						
单位盖章		财务主管	常英	记账	梅敏	出纳	卢琳

第一联：存根（黑色）；　第二联：收据（红色）；　第三联：记账（绿色）

图 2-4

模块实训三

填制与审核记账凭证

实训目的和要求

实训目的：

通过模拟实践操作，学生应能根据经济业务，正确使用会计科目，设置账户，并通过运用借贷记账法，正确编制筹资到利润分配各环节的会计分录，能根据原始凭证的种类判断发生的是何种经济业务，根据原始凭证正确规范地填写和审核各类经济业务的记账凭证。

实训要求：

1. 掌握会计科目，设置会计账户。
2. 掌握借贷记账法、掌握筹资、采购、生产、销售各环节业务的会计分录的编制。
3. 掌握填制与审核记账凭证。
4. 掌握试算平衡。
5. 掌握整理与装订会计凭证的方法。

基础知识自我测试

一、单项选择题

1. 预付账款属于会计要素中的（　　）。

   A. 负债　　B. 资产　　C. 收入　　D. 所有者权益

2. 下列项目中属于流动资产的是（　　）。

A. “预收账款”　　B. “应收账款”

C. “长期借款”　　D. “短期借款”

3. 最基本的会计等式通常又称作第一等式，一般可表述为（　　）。

A. 资产=负债+所有者权益

B. 资产=负债+所有者权益+（收入−费用）

C. 收入−费用=利润（或亏损）

D. 资产=负债+所有者权益+净收益

4. 迪赛公司 2011 年 5 月 1 日从银行提取现金 1 500 元，会导致（　　）项目之间同等金额的增减变化。

A. “资产与负债”　　B. “资产”

C. “资产与所有者权益”　　D. “负债与所有者权益”

5. 迪赛公司 2011 年 1 月 1 日根据规定将资本公积 50 000 元转增资本，会导致（　　）项目之间同等金额的增减变化。

A. “资产与负债”　　B. “资产”

C. “权益”　　D. “权益与资产”

6. 迪赛公司 2011 年 6 月 5 日购进 20 000 元材料，货款尚未支付，此项经济业务导致同等金额的（　　）。

A. 资产增加和权益减少　　B. 资产增加或权益增加

C. 资产减少和权益减少　　D. 资产减少或权益增加

7. 迪赛公司 2011 年 4 月 30 日用银行存款 250 000 元归还银行短期借款，此项经济业务导致同等金额的（　　）。

A. 资产增加和权益增加　　B. 资产增加和权益减少

C. 资产减少和权益减少　　D. 资产减少和权益增加

8. 所有者权益是企业投资人对企业净资产的所有权，在数量上等于（　　）。

A. 全部资产扣除流动资产　　B. 全部资产扣除长期负债

C. 全部资产加上全部负债　　D. 全部资产扣除全部负债

9. 下列引起资产和负债同时增加的经济业务是（　　）。

A. 用银行存款购买电视机一部　　B. 以现金支付前欠货款

C. 收回应收款存入银行　　D. 购买货物一批，货款尚未支付

10. 以银行存款交纳所得税，所引起的变化为（　　）。

A. 资产减少，权益减少　　B. 资产减少，负债减少

C. 负债减少，资产增加　　D. 资产减少，资产增加

11. 企业从银行取得借款直接偿还应付购货款，属于哪一种类型变化业务（　　）。

A. 资产项目之间此增彼减　B. 权益项目之间此增彼减

C. 资产项目和权益项目同增　D. 资产项目和权益项目同减

12. 下列项目中属于会计科目的有（　　）。

A. 机器设备　B. 房屋建筑物　C. 运输工具　D. 固定资产

13. 账户是根据（　　）开设的。

A. 会计科目　B. 会计对象　C. 会计要素　D. 会计报表

14. 复式记账法是对每笔经济业务，都要以相等的金额，在（　　）的账户中进行登记的一种记账方法。

A. 一个

B. 两个

C. 两个或两个以上

D. 相互联系的两个或两个以上

15. 借贷记账法的理论基础是（　　）。

A. 会计要素　B. 会计原则　C. 会计等式　D. 复式记账法

16. 不得将不同类型的经济业务合并编制为（　　）的会计分录。

A. 一借一贷　B. 一贷多借　C. 一借多贷　D. 多借多贷

17. “应付账款”账户的期初余额为 6 000 元，本期增加额为 10 000 元，期末金额为 6 000 元，则该账户的本期减少额为（　　）。

A. 10 000 元　B. 4 000 元　C. 2 000 元　D. 14 000 元

18. （　　）既反映了会计对象要素间的基本数量关系，同时也是复式记账法的理论依据。

A. 会计科目　B. 会计恒等式　C. 记账符号　D. 账户

19. 在借贷记账法，所有者权益类账户的结构特点是（　　）。

A. 借方记增加，贷方记减少，余额在借方

B. 贷方记增加，借方记减少，余额在贷方

C. 借方记增加，贷方记减少，一般无余额

D. 贷方记增加，借方记减少，一般无余额

20. 在借贷记账法下，资产类账户的期末余额=（　　）。

A. 期初借方余额+本期借方发生额−本期贷方发生额

B. 期初贷方余额+本期贷方发生额−本期借方发生额

C. 期初借方余额+本期贷方发生额−本期借方发生额

D. 期初贷方余额+本期借方发生额−本期贷方发生额

21. 在借贷记账法下，负债类账户的期末余额=（　　）。

A. 期初借方余额+本期借方发生额−本期贷方发生额

B. 期初贷方余额+本期贷方发生额−本期借方发生额

C. 期初借方余额+本期贷方发生额−本期借方发生额

D. 期初贷方余额+本期借方发生额−本期贷方发生额

22. 下列项目中属于负债类的是（　　）。

A. 预收账款　B. 应收账款　C. 预付账款　D. 资本公积

23. 借贷记账法下，账户的贷方登记（　　）。

A. 资产的增加　B. 收入的增加

C. 负债的减少　D. 所有者权益的减少

24. 企业的实收资本应属于（　　）。

A. 收入　B. 负债　C. 资产　D. 所有者权益

25. “应收账款”账户的期初余额为 4 000 元，本期增加额为 8 000 元，期末金额为 6 000 元，则该账户的本期减少额为（　　）。

A. 10 000 元　B. 4 000 元　C. 6 000 元　D. 14 000 元

26. 用以记录库存现金和银行存款收款业务的会计凭证是（　　）。

A. 收款凭证　B. 付款凭证　C. 转账凭证　D. 单式凭证

27.（　　）指明了应借应贷的会计科目和金额，是登记账簿的直接依据。

A. 原始凭证　B. 记账凭证　C. 一次凭证　D. 累计凭证

28. 下列内容中，不属于记账凭证的审核内容的是（　　）。

A. 凭证是否符合有关的计划和预算

B. 会计科目使用是否正确

C. 凭证的金额与所附原始凭证的金额是否一致

D. 凭证的内容与所附原始凭证的内容是否一致

29. 企业购进原材料 60 000 元，款项未付。该笔经济业务应编制的记账凭证是（　　）。

A. 收款凭证　B. 付款凭证　C. 转账凭证　D. 以上均可

30. 关于会计凭证的保管，下列说法不正确的是（　　）。

A. 会计凭证应定期装订成册，防止散失

B. 会计主管人员和保管人员应在封面上签章

C. 原始凭证不得外借，其他单位如有特殊原因确实需要使用时，经本单位会计机构负责人、会计主管人员批准，可以复印

D. 经单位领导批准，会计凭证在保管期满前可以销毁

31. 付款凭证左上角的“贷方科目”可能登记的科目是（　　）。

A. 预付账款　B. 银行存款　C. 预收账款　D. 应付账款

32. 会计档案的保管期限，应从（　　）。

A. 移交档案管理部门之日算起　B. 会计年度终了后之日算起

C. 年度会计报表签发日算起　D. 下一会计年度首月末之日算起

33. 下列业务中应该编制收款凭证的是（　）。

A. 购买原材料用银行存款支付

B. 收到销售商品的款项

C. 购买固定资产，款项尚未支付

D. 销售商品，收到商业汇票一张

34. 根据连续反映某一时期内不断重复发生而分次进行的特定业务编制的原始凭证有（　）。

A. 一次凭证　B. 累计凭证　C. 记账凭证　D. 汇总原始凭证

35. 将库存现金送存银行，应填制的记账凭证是（　）。

A. 库存现金收款凭证　B. 库存现金付款凭证

C. 银行存款收款凭证　D. 银行存款付款凭证

36. 下列属于累计凭证的是（　）。

A. 领料单　B. 限额领料单

C. 耗用材料汇总表　D. 工资汇总表

37. 填制记账凭证时，错误的做法是（　）。

A. 根据每一张原始凭证填制

B. 根据若干张同类原始凭证汇总填制

C. 将若干张不同内容和类别的原始凭证汇总填制在一张记账凭证上

D. 根据原始凭证汇总表编制

38. 会计凭证的传递是指（　）在单位内部有关会计部门和人员之间的传递程序。

A. 会计凭证从取得或填制时起至归档保管过程中

B. 会计凭证从产生起至审核后

C. 会计凭证从取得或填制时起至登记账簿止

D. 会计凭证从取得或填制时起至审核后

39. 会计凭证的传递范围是在（　）。

A. 本单位与外单位有关部门和人员之间

B. 本单位内部有关部门和人员之间

C. 本单位与税收部门和人员之间

D. 本单位与银行之间

40. 关于会计凭证的装订和保管，下列表述不正确的是（　）。

A. 会计凭证必须按照归档制度，妥善整理和保管，形成会计档案，便于随

时查阅

B. 对检查无误的会计凭证，要按顺序号排列，折叠整齐装订成册，并加上封面

C. 如果某些记账凭证的原始凭证数量过多，也可以单独装订保管，但应在其封面及有关记账凭证上加注说明

D. 合同、契约、押金收据等重要原始凭证，必须装订成册，不得单独保管，以防散失。

41. 按照规定，企业的原始凭证保管期限为（　　）。

A. 3年　　B. 5年　　C. 15年　　D. 25年

42. 会计档案的保管期限，应从（　　）。

A. 移交档案管理部门之日算起　　B. 会计年度终了后之日算起

C. 年度会计报表签发日算起　　D. 下一会计年度首月末之日算起

二、多项选择题

1. 会计要素包括（　　）。

A. 资产　　B. 负债　　C. 固定资产　　D. 收入

E. 所有者权益

2. 下列项目属于资产项目的有（　　）。

A. “固定资产”　　B. “预收账款”　　C. “商誉”　　D. “专利权”

3. 下列项目属于流动负债的有（　　）。

A. “短期借款”　　B. “应付账款”　　C. “预收账款”　　D. “应交税金”

E. “长期借款”

4. 资产可以是（　　）。

A. 货币性的　　B. 非货币性的

C. 具有实物形态　　D. 不具有实物形态

5. 所有者权益包括（　　）。

A. 投入资本　　B. 资本公积　　C. 盈余公积　　D. 未分配利润

E. 长期投资

6. 由于会计实行分期核算，在账户中记录的金额就自然可以分为（　　）。

A. 期初余额　　B. 本期增加额　　C. 本期减少额　　D. 期末余额

7. 在下列账户中与资产账户结构相反的是（　　）账户的结构。

A. 负债　　B. 费用　　C. 收入　　D. 支出

8. 在借贷记账法下，账户的借方登记（　　）。

A. 资产的增加　　B. 负债的减少

C. 资产的减少　　D. 所有者权益的减少

9. 期末余额在账户借方的有（　　）。

A. 资产类账户　　B. 负债类账户

C、所有者权益类账户　　D. 成本类账户

E. 费用类账户

10. 单式记账法的主要缺点表现在（　　）。

A. 不能全面反映经济业务的来龙去脉

B. 割裂开了资金运动的相互平衡关系

C. 不便于检查账务记录的正确性和真实性

D. 账户间未形成相互对应关系

11. 复式记账法的特点是（　　）。

A. 可以系统、全面反映经济业务内容

B. 可以简化登记账簿的工作

C. 可以清楚地反映经济业务的来龙去脉

D. 便于核对账户的记录

12. 下列属于复合会计分录的有（　　）。

A. 一借一贷　B. 一借多借　C. 多借多贷　D. 两借一贷

13. 借贷记账法的试算平衡有（　　）。

A. 发生额平衡　　B. 余额平衡

C. 会计要素平衡　　D. 借贷平衡

14. 下列错误中哪些不能通过试算平衡发现（　　）。

A. 某项经济业务未登记入账

B. 只登记借方金额，未登记贷方金额

C. 应借应贷的账户中借贷方向记反

D. 借贷双方同时多记了相等的金额

15. 某企业以银行存款支付前欠 B 公司贷款 450 000 元，此项经济业务会引起（　　）。

A. 资产的减少　　B. 资产的增加

C. 负债的增加　　D. 负债的减少

16. 下列各项反映企业经营成果的会计要素是（　　）。

A. 利润　B. 费用　C. 收入　D. 所有者权益

17. 下列属于资产的特征的是（　　）。

A. 资产是由于过去或现在的交易或事项所形成的

B. 资产是由企业拥有或者控制的

C. 资产预期能够给企业带来经济利益

D. 资产一定具有具体的实物形态

18. 下列属于流动资产的是（　　）。

A. 预收账款　B. 预付账款　C. 应收账款　D. 银行存款

19. 下列属于成本类的科目有（　　）。

A. 生产成本　　B. 主营业务成本

C. 制造费用　　D. 销售费用

20. 下列错误不会影响借贷双方的平衡关系的是（　　）。

A. 漏记某项经济业务　　B. 重记某项经济业务

C. 记错方向，把借方记入贷方　　D. 借贷错误巧合，正好抵消

21. 下列账户中，期末余额在贷方的有（　　）。

A. 预收账款　B. 应收账款　C. 应付账款　D. 累计摊销

22. 一个完整的会计分录应包括（　　）。

A. 账户名称　B. 记账符号　C. 记账方向　D. 记账的金额

23. 期间费用包括（　　）。

A. 管理费用　B. 财务费用　C. 制造费用　D. 销售费用

24. 下列属于总分类账和明细分类账平行登记要点的是（　　）。

A. 依据相同　B. 方向相同　C. 日期相同　D. 金额相等

25. 会计分录的要素包括（　　）。

A. 记账符号　B. 记账方向　C. 账户名称　D. 账户结构

E. 应记金额

26. 记账凭证的审核内容包括（　　）。

A. 内容是否真实　　B. 科目是否正确

C. 书写是否正确　　D. 项目是否齐全

27. 以下关于原始凭证与记账凭证的区别正确的有（　　）。

A. 原始凭证大多是由经办人员填制，记账凭证一律由本单位的会计人员填制

B. 原始凭证是根据已经发生或完成的经济业务填制，记账凭证是根据审核后的原始凭证填制

C. 原始凭证只是经济业务发生时的原始证明，记账凭证时要依据会计科目对已经发生的经济业务进行归类

D. 原始凭证是填制记账凭证的依据，记账凭证是登记会计账簿的依据

28. 会计凭证保管的内容包括（　　）。

A. 整理会计凭证　　B. 装订会计凭证

C. 归档在查会计凭证　　D. 加具封面并签章

29. 记账凭证按照填制的方法的不同，可分为（　　）。

A. 通用记账凭证　　　　　　　　B. 专用记账凭证
C. 复式记账凭证　　　　　　　　D. 单式记账凭证

30. 下列业务中，需要填制付款凭证的有（　　）。
A. 从银行提现　　　　　　　　　B. 将库存现金存入银行
C. 用库存现金购办公用品　　　　D. 收回前欠款项

31. 其他单位因特殊原因需要使用本单位的原始凭证，正确的做法是（　　）。
A. 可以外借
B. 将外借的会计凭证拆封抽出
C. 不得外借，经本单位会计机构负责人、会计主管人员批准，可以复制
D. 将向外单位提供的凭证复印件在专设的登记簿上登记

32. 下列说法正确的是（　　）。
A. 记账凭证上的日期指的是经济业务发生的日期
B. 对于涉及"库存现金"和"银行存款"之间的经济业务，一般只编制收款凭证
C. 出纳人员不能直接依据有关收、付款业务的原始凭证办理收、付款业务
D. 出纳人员必须根据经会计主管或其指定人员审核无误的收、付款凭证办理收、付款业务

33. 按照规定，（　　）的保管期限为15年。
A. 原始凭证　B. 记账凭证　C. 银行对账单　D. 汇总凭证

34. 影响会计凭证传递的因素有（　　）。
A. 企业规定的保管期限　　　　　B. 企业管理的要求
C. 企业经济业务的主要内容　　　D. 企业生产组织的特点

35. 每年装订完成的会计凭证，正确的保管方法是（　　）。
A. 在年度终了后，可由会计机构保管一年
B. 会计机构保管一年期满后，移交本单位档案机构统一保管
C. 出纳人员不得兼管会计档案
D. 未设立档案机构的，应当在会计机构内部制定专人保管

三、判断题

1. 预付账款是负债，预收账款是资产。（　　）

2. 所有者权益是企业投资人对企业资产的所有权。（　　）

3. 不论发生什么样的经济业务，会计等式两边会计要素总额的平衡关系都不会破坏。（　　）

4. 会计等式揭示了会计要素之间的平衡关系，因而成为设置会计科目、复式记账、编制会计报表等会计核算方法的理论依据。（　　）

5. 通过试算平衡表检查账户记录是否正确，如果借贷平衡，就说明记账没错误。(　　)

6. 资产包括固定资产和流动资产两部分。(　　)

7. 所有账户都是依据会计科目开设的。(　　)

8. 复式记账由于是以相等的金额在相互关联的两个账户进行登记，所以能检查账薄记录是否正确。(　　)

9. 企业收到某单位还来前欠货款 1 万元。该项经济业务会引起会计等式左右两方会计要素产生同时增加的变化。(　　)

10. 账户的基本结构是增加，减少，余额，故账户的格式设计是这三方面的内容。(　　)

11. 会计科目仅是名称而已，若要体现会计要素的增减变化及变化后的结果则要借助于账户。(　　)

12. 复式记账法可以反映每笔经济业务的全貌和来龙去脉。(　　)

13. 在借贷记账法下，账户用哪一方登记增加或减少取决于账户性质。(　　)

14. 试算平衡可以检查账户记录是否正确，如果试算平衡，则说明记账绝对正确，试算不平衡，说明记账肯定有错。(　　)

15. 借贷记账法，借方表示增加，贷方表示减少，余额在借方。(　　)

16. “有借必有贷，借贷必相等”是借贷记账法的记账规则。(　　)

17. 管理费用和制造费用一样都属于期间费用。(　　)

18. 账户分为左方和右方，左方登记增加数，右方登记减少数。(　　)

19. 一级账户又称为总分类账户或总账账户。(　　)

20. 收回以前的货款存入银行，会使资产总额增加。(　　)

21. 结账和更正错账的记账凭证可以不附原始凭证。(　　)

22. 发现以前年度记账凭证有误，应当用蓝字填制一张更正的记账凭证。(　　)

23. 出纳人员要根据审核无误的收、付款凭证办理收、付款业务。(　　)

24. 便于分工记账，但制证工作量大，且不能在一张凭证上反映经济业务的全貌的凭证是复式记账凭证。(　　)

25. 任何会计凭证都必须经过有关人员的严格审核，确认无误后，才能作为记账的依据。(　　)

26. 本单位档案机构为方便管理会计档案，可以根据需要对其拆封重新整理。(　　)

27. 会计凭证的传递，应当满足内部控制制度的要求。(　　)

28. 已经开具发票存根联和发票登记簿，应当保存 5 年，保存期满后即可自行销毁。(　　)

29. 一般情况下，会计人员调动或离职时，必须按有关规定跟接管人员办理交接手续。(　　)

四、业务题

1. 实训一

实训资料：

大元企业出纳员丁锐收到三鹿企业签收的一张 3 000 元转账支票后，同时签发了一张金额为 3 000 元的现金支票，然后一并到银行办理银行存款进账业务和提取现金业务。

实训要求：

（1）出纳员丁锐的这种做法是否属于正常的经济业务？为什么？

（2）对这两笔经济业务如何进行账务处理？

（3）你作为一个审计人员对这类经济业务如何查处？

2. 实训二

实训资料：

（1）长期借款　　　　A. 流动资产

（2）盈余公积

（3）应交税费　　　　B. 负债

（4）预付账款

（5）应收账款　　　　C. 所有者权益

（6）资本公积

实训要求：画线说明各项目的归属。

3. 实训三

实训资料：

（1）从银行取得借款

（2）所有者投入资本　　　　A. 记入账户的借方

（3）增加一项固定资产

（4）偿还前欠外单位货款　　　　B. 记入账户的贷方

实训要求：画线说明各项目的归属。

4. 实训四

实训资料：

某企业 2011 年 3 月 31 日末各项目资料如下。

（1）所有者投入资本 2 095 000 元。

（2）房屋及建筑物 400 000 元。

（3）银行存款 1 200 000 元。

（4）出纳库存现金 5 000 元。

（5）机器设备 1 000 000 元。

（6）向银行借入半年期的借款 500 000 元。

（7）向银行借入二年期的借款 600 000 元。

（8）应付外单位货款 60 000 元。

（9）应收外单位货款 100 000 元。

（10）仓库里存放的原材料 550 000 元。

实训要求：

（1）判断上列资料中各项目的类别（资产、负债、所有者权益）并将各项目金额及项目序号一并填入表 3-1 中。

（2）计算表内资产总额、负债总额、所有者权益总额是否符合会计基本等式。

表 3-1

2011 年 3 月 31 日　　　　单位：元

金　额		
资　产	负　债	所有者权益

5. 实训五

实训资料：

迪克斯企业的经济业务如下。

（1）存放在银行里的款项 120 000 元。　（　　　　）

（2）存放在公司的现金 2 500 元。　（　　　　）

（3）仓库中存放的材料 160 000 元。　（　　　　）

（4）厂房 1 500 000 元。　（　　　　）

（5）所有者投入的资本，1 000 000 元。　（　　　　）

（6）向银行借入为期 4 个月的临时借款 300 000 元。　（　　　　）

（7）仓库中存放的已完工的产品 7 000 元。　（　　　　）

（8）设备 750 000 元。　（　　　　）

（9）尚待外付的款项 28 000 元。　（　　　　）

（10）应收外单位的款 120 000 元。（　　）

实训要求：判断上列各项经济业务所属的会计科目，将会计科目填入括号内。

6. 实训六

实训资料：

纳斯企业 2011 年 4 月 1 日资产、负债及所有者权益各项目如表 3-2 所示。

表 3-2　科目余额表

2011 年 4 月 1 日　单位：元

资　产	金　额	负债及所有者权益	金　额
库存现金	600	短期借款	30 200
银行存款	22 000	应付账款	12 000
应收账款	42 000	实收资本	100 000
存货	16 000	资本公积	3 400
固定资产	100 000	本年利润	35 000
合计	180 600	合计	180 600

该公司 4 月份发生下列经济业务。

5 日，向银行取得 3 个月的借款 12 000 元，转入企业存款户。

12 日，收回利达公司所欠货款 20 000 元，存入银行。

16 日，用银行存款偿还前欠科龙公司货款 9 000 元。

20 日，收到白帝公司投入的设备一台，价值 27 000 元。

实训要求：

（1）根据上述资料，编制该公司在 4 月份的会计分录，说明各要素的增减变化是否对恒等式产生影响？

（2）编制该公司四月份的资产负债表并填入表 3-3。

表 3-3　资产负债表

2011 年 4 月 30 日　单位：元

资　产	金　额	负债及所有者权益	金　额
库存现金		短期借款	
银行存款		应付账款	
应收账款		实收资本	
存货		资本公积	
固定资产		本年利润	
合　计		合　计	

7. 实训七

实训资料：

偌大公司的 2011 年 12 月末的有关科目部分余额如表 3-4 所示。

表 3-4　　科目余额表

科目名称	期初余额		发生额		余额	
	借方	贷方	借方	贷方	借方	贷方
库存现金	10 000		8 000	6000	(　　)	
银行存款	60 000		(　　)	90 000	10 0000	
应收账款	(　　)		60 000	80 000	70 000	
应付账款		80 000	40 000	80 000		(　　)
短期借款		60 000	(　　)	30 000		26 000
实收资本		58 000	29 000	(　　)		76 000
本年利润		23 600	5 800	(　　)		28 000

实训要求：计算相关数据并填入括号内。

8. 实训八

实训资料：

大宇企业 2011 年 9 月初有关账户余额如表 3-5 所示。

表 3-5　　科目余额表

2011 年 9 月 1 日　　单位：元

资产		权益	
账户名称	金额	账户名称	金额
库存现金	2 000	短期借款	160 000
银行存款	16 000	应付账款	86 000
应收账款	4 000	应付职工薪酬	12 000
原材料	28 000	应交税费	12 000
生产成本	3 000	长期借款	100 000
固定资产	400 000	本年利润	83 000
资产合计	453 000	权益合计	453 000

大宇企业 2011 年 9 月发生如下经济业务。

（1）购进材料一批，计价 6 000 元，材料已验收入库，货款通过银行转账支付。（假定不考虑增值税）

（2）用银行存款支付上月应交未交的税费 12 000 元。

（3）从银行提取现金 46 000 元。

（4）收到 M 公司投入设备一台，价值 150 000 元。

（5）以现金支付生产工人工资 14 000 元。

（6）收到前欠销货款 320 000 元，存入银行。

（7）将支付给生产工人的 14 000 元工资计入产品生产成本。

实训要求：

（1）根据上述资料的经济业务，编制会计分录。

（2）写出 T 字型账户登记期初余额、本期发生额，结出期末余额。

（3）编制总分类账户本期发生额及期末余额试算平衡表如表 3-6 所示。

表 3-6　　**发生额及余额试算平衡表**

2011 年 9 月　　单位：元

账户名称	期初余额		本期发生额		期末余额	
	借　方	贷　方	借　方	贷　方	借　方	贷　方
库存现金						
银行存款						
应收账款						
原材料						
固定资产						
生产成本						
短期借款						
长期借款						
应付账款						
应交税费						
应付职工薪酬						
实收资本						
本年利润						
合　计						

9. 实训九

实训资料：

麦德企业 2011 年 5 月发生如下经济业务。

（1）企业收到国家的投资 2 000 000 元，存入银行。

（2）企业收到迪奥公司向本企业投资的固定资产，价值 450 000 元，交付使用。

（3）企业与台湾 M 公司合资经营，收到该公司向企业投入的设备 4 台，确认价值计 200 000 元。

（4）企业从建设银行借入为期 6 个月的短期借款 160 000 元，已存入银行。

（5）企业与农业银行达成协议借入为期三年的长期借款 800 000 元，已存入银行。

（6）企业以银行存款支付银行办理短期借款业务的手续费 350 元。

实训要求：根据上面所给的经济业务编制会计分录。

10. 实训十

实训资料：

麦德企业 2011 年 5 月发生如下材料采购业务。

（1）企业向 Z 工厂购买甲材料，收到 Z 工厂开来的专用发票，载明数量 3 000 千克，单价 2 元，价款 6 000 元；增值税额为 1 020 元；价税合计 7 020 元，材料尚未到达，以银行存款支付。

（2）企业根据合同规定，以银行存款 28 080 元预付达美工厂购买乙材料款。

（3）供应单位专用发票载明乙材料 8 000 千克，每千克 3 元，价款 24 000 元；增值税款 4 080 元，价税合计为 28 080 元，材料尚未达到。

（4）企业以银行存款 560 元支付上述甲、乙两种材料的运费，以甲、乙两种材料的重量比例作为分配标准分摊运费。

（5）企业以银行存款 5 260 元偿还前欠 K 工厂货款。

（6）甲、乙两种材料已验收入库，结转其实际采购成本。

实训要求：根据上面所给的经济业务编制会计分录。

11. 实训十一

实训资料：

富贵鸟企业 2011 年 8 月发生如下产品销售业务。

（1）6 日企业销售甲产品 15 件，每件售价 200 元，按规定计算应交增值税 510 元，价税合计 3 510 元，已收到存入银行。

（2）10 日企业销售乙产品 60 件，每件售价 450 元，按规定计算应交增值税 4 590 元，商品已发出，款项已收到存入银行。

（3）24 日企业又销售甲产品 30 件，每件售价 200 元，按规定计算应交增值税 1 020 元，商品已经发出，款项 7 020 元已收存银行。

（4）根据合同规定，预收购货单位购买乙产品 10 件，价税款 5 265 元存入银行。

（5）企业以银行存款支付销售产品的广告费 1 000 元，装卸费 600 元。

（6）月末计算并结转已售商品的销售成本（假设该企业按全月一次加权平均法计算甲乙两种产品的平均单位成本）甲、乙产品的销售成本为：

甲产品销售成本 $= 45 \times 100 = 4\,500$ 元

乙产品销售成本 $= 70 \times 200 = 14\,000$ 元

（7）企业售出甲材料 12 吨，价款 12 000 元，增值税 2 040 元，价税合计 14 040 元存入银行。

（8）结转出售甲材料的成本 6 000 元。

实训要求：根据以上业务编制会计分录。

12. 实训十二

实训资料：

某企业 2011 年 11 月发生如下经济业务。

（1）销售给兰芝公司A产品200台，每台售价1 200元，B产品120台，每台售价200元，增值税率17%，收到兰芝公司银行转账支票。

（2）销售给博美公司A产品100台，每台售价300元，B产品300件，每台售价400元，增值税率17%，货款尚未收到。

（3）收到罚款收入6 000元，存入银行。

（4）销售甲材料1 500千克，每千克售价60元，增值税率17%，款项收存银行。

（5）结转甲材料的销售成本，甲材料单价30元。

（6）结转本月已销产品的生产成本，A产品每台成本500元，B产品每台成本50元。

（7）按利润的25%计提所得税。（假定无其他税费）

（8）结转损益类账户。

实训要求：根据以上要求编制会计分录。

13. 实训十三

实训资料：

宏大公司企业2011年实现利润总额600 000，该公司12月份发生下列业务。

（1）按利润总额的25%计提所得税。

（2）结转实现的利润。

（3）按净利润的10%计提法定盈余公积。

（4）按净利润的30%计提向投资者分配的利润。

（5）结转利润分配的各明细账。

实训要求：根据以上业务编制会计分录。

14. 实训十四

实训资料：

宏大公司会计人员李龙就公司的一笔业务所作的相关记账凭证如表3-7。

表3-7 付款凭证

贷方科目：银行存款　　2010年9月5日　　付字第32号

摘　要	借方科目		记　账	金　额	附件张
	一级科目	二级和明细科目			
	应付账款	M公司		8 000 000	
	应付账款			500 000	
合　计				830 000	

会计主管：　　记账：　　出纳：　　复核：王红　　填制：赵娟

实训要求：指出记账凭证中存在错误。（假定原始凭证审核无误）

模块实训四

设置与登记账簿

实训目的和要求

实训目的：

通过模拟实践操作，学生应能根据审核无误的记账凭证登记账簿，如果发现错账能选择正确的方法进行更正，并在期末进行结账。

实训要求：

1. 了解会计账簿的设置目的和意义。
2. 掌握账簿的种类和基本格式。
3. 掌握登记账簿的记账规则。
4. 掌握错账更正的方法。
5. 掌握银行存款余额调节表的编制
6. 了解账簿保管的要求和方法。

基础知识自我测试

一、单项选择题

1. 登记账簿的依据是（　　）。

   A. 经济合同　　B. 会计分录　　C. 记账凭证　　D. 有关文件

2. 下列账户的明细账采用三栏式账页的是（　　）。

A. 管理费用　　B. 销售费用　　C. 库存商品　　D. 应收账款

3. 库存商品明细账采用（　　）。

A. 多栏式　　B. 横线登记式

C. 数量金额式　　D. 三栏式

4. 一般情况下，不需要根据记账凭证登记的账簿是（　　）。

A. 总分类账　　B. 明细分类账

C. 日记账　　D. 备查账

5. 从银行提取库存现金，登记库存现金日记账的依据是（　　）。

A. 库存现金收款凭证　　B. 银行存款付款凭证

C. 银行存款收款凭证　　D. 备查账

6. 固定资产明细账采用（　　）。

A. 订本式　　B. 活页式　　C. 卡片式　　D. 辅助式

7. 收回货款 1 500 元存入银行，记账凭证误填为 15 000 元，并已入账。正确的更正方法是（　　）。

A. 采用划线更正法

B. 用蓝字借记“银行存款”，贷记“应收账款”

C. 用蓝字借记“应收账款”，贷记“银行存款”

D. 用红字借记“银行存款”，贷记“应收账款”

8. 会计人员在结账前发现，根据记账凭证登记入账时误将 2 600 元写成 6 000 元，而记账凭证无误，应采用的更正方法是（　　）。

A. 补充登记法　　B. 划线更正法

C. 红字更正法　　D. 横线登记法

9. 下列各项中，属于账实核对的是（　　）。

A. 总账和日记账的核对

B. 银行存款日记账和银行对账单余额核对

C. 总账和明细账的核对

D. 总账各账户的核对

10. 记账以后，如果发现记账凭证中应借应贷的会计科目正确，但所记金额大于应记金额，则采用（　　）更正。

A. 划线更正法　　B. 红字更正法

C. 补充登记法　　D. 2 除法

11. “实收资本”明细账的账页可以采用（　　）。

A. 三栏式　　B. 活页式　　C. 数量金额式　　D. 卡片式

12. 现金和银行存款日记账，根据有关凭证（　　）。

A. 逐日逐笔登记　　B. 逐日汇总登记
C. 定期汇总登记　　D. 一次汇总登记

13. 采用补充登记法更正错账时，应编（　）记账凭证。
A. 红字　B. 蓝字　C. 红字和蓝字　D. 红字或蓝字

14. 活页账一般适用于（　）。
A. 总分类账
B. 现金日记账和银行存款日记账
C. 固定资产明细账
D. 明细分类账

15. 三栏式账户不设哪一栏（　）。
A. 借方栏　B. 贷方栏　C. 余额栏　D. 数量栏

16. 用划线更正法更正账簿中的错误数字时，应（　）。
A. 用一条蓝线将整个数字全部划掉
B. 用多条红线将整个数字全部划掉
C. 用一条红线将有错误的数字划掉
D. 用一条红线将整个数字全部划掉

17. 在结账前发现账簿记录有文字或数字错误，而记账凭证没有错误，应当采用的更正方法是（　）。
A. 划线更正法　　B. 红字更正法
C. 补充登记法　　D. 平行登记法

18. 多栏式明细账一般适用于（　）。
A. 收入费用类账户　　B. 所有者权益类账户
C. 资产类账户　　D. 负债类账户

19. 在登记账簿过程中，每一账页的最后一行及下一页第一行都要办理转页手续，是为了（　）。
A. 便于查账　　B. 防止遗漏
C. 防止隔页　　D. 保持记录的衔接和连续性

20. 应收账款明细账的账页格式一般采用（　）。
A. 三栏式　　B. 数量金额式
C. 多栏式　　D. 任意一种明细账格式

21. 订本式账簿主要适用于（　）。
A. 债权、债务明细账　　B. 收入、费用明细账
C. 材料、商品明细账　　D. 总账、日记账

22. 下列做法错误的是（　）。

A. 库存现金日记账采用三栏式账簿

B. 产成品明细账采用数量金额式账簿

C. 生产成本明细账采用三栏式账簿

D. 制造费用明细账采用多栏式账簿

23. 在登记账簿时，如果经济业务发生日期为 2011 年 11 月 12 日，编制记账凭证日期为 11 月 16 日，登记账簿日期为 11 月 17 日，则账簿中的“日期”栏登记的时间为（　　）。

A. 11 月 12 日　　B. 11 月 16 日

C. 11 月 17 日　　D. 11 月 16 日或 11 月 17 日均可

24. 各种账务处理程序之间的根本区别在于（　　）。

A. 登记日记账的方法或依据不同

B. 登记明细分类账的方法或依据不同

C. 登记总分类账的方法或依据不同

D. 编制会计报表的方法或依据不同

25. 科目汇总表的缺点是不能反映（　　）。

A. 借方发生额　　B. 贷方发生额

C. 借方和贷方发生额　　D. 科目对应关系

26. 下列账簿中，不需要每年进行更换的账簿是（　　）。

A. 库存现金日记账　　B. 银行存款日记账

C. 总账　　D. 固定资产明细账

27. 下列内容中，属于结账工作的有（　　）。

A. 结算有关账户的本期发生额及期末余额

B. 编制试算平衡表

C. 清点库存现金

D. 按照权责发生制对有关账项进行调整

28. 年度终了，对各种账簿进行结账时，应该（　　）。

A. 在最后一行画通栏单红线

B. 在最后一行画通栏双红线

C. 在最后一行的发生额下画双红线

D. 在最后一行的余额下画双红线

29. 现金日记账和银行存款日记账应该保存（　　）。

A. 5 年　　B. 15 年　　C. 20 年　　D. 25 年

30. 下列需要每年都更新的账簿有（　　）。

A. 备查账　　B. 总账　　C. 明细账　　D. 固定资产明细账

二、多项选择题

1. 账簿按其外表形式分，可以分为（　　）。

   A. 三栏式　B. 订本式　C. 卡片式　D. 活页式

2. 下列明细账中可以采用三栏式账页的有（　　）。

   A. 应收账款明细账　B. 原材料明细账

   C. 库存商品明细账　D. 库存现金日记账

3. 登记明细分类账的依据可以是（　　）。

   A. 原始凭证　B. 汇总原始凭证

   C. 记账凭证　D. 经济合同

4. 明细分类账采用的格式有（　　）。

   A. 三栏式　B. 多栏式　C. 数量金额式　D. 订本式

5. 数量金额式明细分类账的账页格式一般适用于（　　）。

   A. 库存商品明细账　B. 应交税费明细账

   C. 应付账款明细款　D. 原材料明细账

6. 登记库存现金日记账收入栏的依据有（　　）。

   A. 累计凭证　B. 现金收款凭证

   C. 转账凭证　D. 银行存款付款凭证

7. 对账的内容一般包括（　　）。

   A. 账证核对　B. 账账核对

   C. 账实核对　D. 账表核对

8. 下列做法错误的是（　　）。

   A. 库存现金日记账采用数量金额式账簿

   B. 产成品明细账采用数量金额式账簿

   C. 生产成本明细账采用三栏式账簿

   D. 制造费用明细账采用多栏式账簿

9. 下列适用多栏式明细账的是（　　）。

   A. 生产成本　B. 制造费用　C. 原材料　D. 应收账款

10. 登记银行存款日记账的依据为（　　）。

    A. 银行存款收款凭证　B. 银行存款付款凭证

    C. 库存现金收款凭证　D. 库存现金付款凭证

11. 在下列各类错账中，应采用红字更正法进行更正的错账有（　　）。

    A. 记账凭证没有错误，但账簿记录有数字错误

    B. 因记账凭证中的会计科目有错误而引起的账簿记录错误

    C. 记账凭证中的会计科目正确但所记金额大于应记金额所引起的账簿记录

错误

D. 记账凭证中的会计科目正确但所记金额小于应记金额所引起的账簿记录错误

12. 在会计账簿扉页上填列的内容包括（　　）。

A. 账簿名称　B. 单位名称　C. 账户名称　D. 起止页次

13. 必须采用订本式账簿的是（　　）。

A. 库存现金日记账　B. 固定资产明细账

C. 银行存款日记账　D. 管理费用总账

14. 总分类账一般采用（　　）。

A. 订本式　B. 活页式　C. 三栏式　D. 多栏式

15. 会计账簿中，下列（　　）可以用红色墨水记账。

A. 按照红字冲账的记账凭证，冲销错误记录

B. 在不设借贷等栏的多栏式账页中，登记减少数

C. 在三栏式账户的余额栏前，如未印明余额方向的（如借或贷），在余额栏内登记负数余额

D. 会计制度中规定可以用红字登记的其他会计记录

16. 下列各项属于对账内容的是（　　）。

A. 明细账与总账核对

B. 库存商品明细账与实物核对

C. 银行存款日记账与银行对账单核对

D. 记账凭证与原始凭证核对

17. 可用于更正因记账凭证错误而导致账簿登记错误的错账更正方法有（　　）。

A. 划线更正法　B. 红字更正法

C. 补充登记法　D. 顺查法

18. 收回货款 1 500 元存入银行，记账凭证中误将金额填为 15 000 元，并已入账，错账的更正方法不正确的是（　　）。

A. 用划线更正法更正

B. 用蓝字借记“银行存款”账户 1 500 元，贷记“应收账款”账户 1 500 元

C. 用红字借记“应收账款”账户 15 000 元，贷记“银行存款”账户 15 000 元

D. 用红字借记“银行存款”账户 13 500 元，贷记“应收账款”账户 13 500 元

19. 记账凭证账务处理程序的优点是（　　）。

A. 简单明了、容易掌握　B. 有利于对账和查账

C. 登记总分类账的工作量小　D. 不需要进行试算平衡

20. 科目汇总表的账务处理程序优点是（　　）。

A. 总账的记录和记账凭证形成一一对应的关系，便于查对账目

B. 登记总账简便

C. 科目之间能够反映对应关系

D. 科目汇总表能够进行试算平衡

21. 科目汇总表能够（　　）。

A. 提高编制原始凭证的效果　　B. 反映各科目之间的对应关系

C. 起到试算平衡的作用　　D. 作为登记总账的依据

22. 结账时，正确的做法有（　　）。

A. 结出当月发生额的，在“本月合计”下面通栏画单红线

B. 结出本年累计发生额的，在“本年累计”下面通栏画单红线

C. 12 月末，结出全年累计发生额的，在下面通栏画单红线

D. 12 月末，结出全年累计发生额的，在下面通栏画双红线

23. 出纳人员可以登记和保管的账簿是（　　）。

A. 现金日记账　　B. 银行存款日记账

C. 现金总账　　D. 银行存款总账

24. 下列说法不正确的是（　　）。

A. 所有的明细账，年末时都必须更换

B. 现金日记账和银行存款日记账的保管期限为 15 年

C. 固定资产卡片账应保存 5 年

D. 总账、明细账和辅助账簿应该保存 15 年

25. 下列关于会计账簿的更换和保管正确的有（　　）。

A. 总账、日记账和多数明细账每年更换一次

B. 变动较小的明细账可以连续使用，不必每年更换

C. 备查账不可以连续使用

D. 会计账簿由本单位财务会计部门保管半年后，交由本单位档案管理部门保管

三、判断题

1. 会计账簿是连接会计凭证与会计报表的中间环节，在会计核算中具有承前启后的作用，是编制会计报表的基础。(　　)

2. 多栏式账簿主要适用于既需要记录金额，又需要记录实物数量的财产物资明细账户。(　　)

3. 无论分类账簿还是序时账簿，都需要以记账凭证作为记账依据。(　　)

4. 总分类账簿一般采用订本式账簿、三栏式账页，运用货币量度进行核算。(　　)

5. 库存现金日记账和银行存款日记账的外表形式必须采用订本式账簿。（　　）

6. 记账时，必须按页次顺序连续登记，不得跳行、隔页。（ ）

7. 记账以后，发现记账凭证中应借应贷科目错误，应采用红字更正法更正。（ ）

8. 为了保证账簿记录的合法性和完整性，明确记账责任，在账簿启用时，填写“账簿启用和经管人员一览表”。（ ）

9. 任何单位都必须设置总分类账。（ ）

10. 在填制记账凭证时，误将9 800元记为980元，并已登记入账。月终结账前发现错误，更正时采用划线更正法。（ ）

11. 账证核对，是将账簿记录与原始凭证进行核对。（ ）

12. 卡片式账簿的优点是能够避免账页散失，防止不合法地抽换账页。（ ）

13. 由于记账凭证错误而造成的账簿记录错误，可采用划线更正法进行更正。（ ）

14. 结账之前发现账簿所记文字或数字错误，而记账凭证并没有错，可用划线更正法更正。（ ）

15. 三栏式账簿是指具有日期、摘要、金额三个栏目格式的账簿。（ ）

16. 采用划线更正法，数字记错，只需要更正个别错误字。（ ）

17. 各账户在一张账页记满时，应在该账页最后一行结出余额，并在“摘要”栏注明“转次页”字样。（ ）

18. 结账时，没有余额的账户，应当在“借或贷”栏内用“0”表示。（ ）

19. 费用明细账在月末结账时，要结出本月发生额和余额，在摘要栏内注明“本月合计”字样，并在下面通栏画单红线。（ ）

20. 固定资产明细账不必每年更换，可以连续使用。（ ）

21. 新的会计年度开始，必须更换全部账簿，不得只更换总账、现金日记账和银行存款日记。（ ）

22. 年末结算时，应当在全年累计发生额下面画通栏的双红线。（ ）

23. 每一账页登记完毕结转下页时，应当结出本页合计数及余额，写在本页最后一行和下页第一行有关栏内，并在摘要栏内注明“过次页”和“承前页”字样。（ ）

24. 对需要按月进行月结的账簿，结账时，应在“本月合计”字样下面通栏画单红线，而不是画双红线。（ ）

25. 备查账簿不必每年更换新账，可以连续使用。（ ）

四、业务题

1. 实训一

实训资料：

长宏公司2012年1月31日银行存款日记账余额为400 000元；库存现金日记账

余额为 8 000 元。2 月份上旬发生下列银行存款和现金收付业务。

1 日，以银行存款 20 000 元归还短期借款。

2 日，以银行存款 30 000 元偿还应付账款。

3 日，以现金 4 000 元存入银行。

3 日，用现金暂付职工差旅费 1 000 元。

4 日，从银行提取现金 3 000 元备用。

4 日，收到应收账款 64 000 元存入银行。

5 日，以银行存款 30 000 元支付购买材料款。

5 日，销售产品一批，货款 51 750 元存入银行。

6 日，从银行提取现金 28 000 元，准备发放工资。

7 日，用现金 28 000 元发放职工工资。

实训要求：登记银行存款日记账和库存现金日记账，并结出 10 日的累计余额，如表 4-1、表 4-2 所示。

表 4-1　银行存款日记账

2012 年		凭　证		摘　要	对方科目	借　方	贷　方	余　额
月	日	字	号					

表 4-2　库存现金日记账

2012 年		凭　证		摘　要	对方科目	借　方	贷　方	余　额
月	日	字	号					

2. 实训二

实训资料：

晨光公司"管理费用"采用多栏式明细分类账户，下设"工资及附加费"、"折旧费"、"修理费"、"差旅费"、"电话费"、"办公费用"六个明细项目。2012年5月发生的有关经济业务如下。

2日，以现金购买空白报表、账簿、凭证，计134元。

4日，开出转账支票，支付办公楼修理费6 000元。

8日，本月支付生产工人工资46 000元，车间管理人员工资18 000元，公司行政管理人员工资24 000元。

10日，以现金支付电话费560元。

18日，总经理出差暂借差旅费3 000元。

18日，采购员前来报销差旅费4 153元，以现金付讫。

26日，总经理出差回来，报销差旅费2 500元，余款退回。

31日，计提固定资产折旧6 000元，其中机器设备折旧4 800元，办公楼折旧1 200元。

31日，将本月发生的管理费用总额转入"本年利润"账户。

实训要求：

（1）根据上述经济业务编制专用记账凭证（以会计分录代替）。"管理费用"账户请列示明细项目。

（2）设置并登记多栏式"管理费用"明细账（见表4-3）。

表4-3 管理费用明细账

年		凭证号数	摘要	借方						余额
月	日									

3. 实训三

实训资料：

迅达公司2012年5月甲材料收发情况如下。

2012年5月8日，外购甲材料5 000公斤，单价8.0元，价值40 000元。

2012年5月13日，外购甲材料2 000公斤，单价8.5元，价值17 000元。

2012年5月23日，生产领用甲材料5 000公斤，单价8.2元，价值41 000元。

2012年5月31日，外购甲材料4 000公斤，单价8.0元，价值32 000元。

（注：期末结存单价用结存金额除以结存数量计算。）

实训要求：请根据迅达公司本月甲材料的收发情况，登记“原材料——甲材料”明细账簿（简化账簿）（见表4-4）。

表4-4 原材料—甲材料

年		凭证号数	摘 要	借方（收入）			贷方（发出）			结 存		
月	日			数量	单价	金额	数量	单价	金额	数量	单价	金额
			上月结转							5 000	9.0	45 000

4. 实训四

实训资料：

中威公司本月“银行存款日记账”的记录情况如下。

月初余额：398 170元。

5日，以银行存款30 000元支付购买设备款。

7日，销售产品货款35 100元存入银行。

10日，用银行存款81 190元支付购买材料款。

16日，用银行存款交纳税金35 000元。

20日，从银行提取现金12 000元。

24日，用银行存款购买办公用品3 200元。

27日，开出转账支票交收款人，票面金额为2 140元。

29日，将现金5 200元存入银行。

30 日，将付款单位交来的票面金额为 46 800 元转账支票送存银行。

31 日，技术员李锋预借差旅费，开出票面金额 4 000 元的现金支票交其本人去银行提取。

银行“对账单”记录情况如下。

月初余额：378 910 元。

5 日，支付购买设备款 30 000 元。

7 日，存入销售产品货款 35 100 元。

10 日，支付购买材料款 81 190 元。

16 日，交纳税金 35 000 元。

20 日，提取现金 12 000 元。

24 日，购买办公用品 3 200 元。

28 日，收回企业委托收款 25 000 元。

29 日，存入现金 5 200 元。

29 日，代企业付水电费 3 600 元。

实训要求：

（1）将企业与银行双方的记录加以核对，判断是否存在未达账项。如果存在，则属于未达账项的何种情形？

（2）编制“银行存款余额调节表”（见表 4-5）。

表 4-5 银行存款余额调节表

项　目	金　额	项　目	金　额
企业银行存款日记账余额 加：银行已收，企业未收 减：银行已付，企业未付		银行对账单余额 加：企业已收，银行未收 减：企业已付，银行未付	
调整后企业银行存款余额		调整后银行对账单余额	

（3）说明对于银行已收企业未收、银行已付企业未付的未达账项，企业是否需要马上调整其日记账记录？

5. 实训五

实训资料：

万和工厂将账簿记录与记账凭证进行核对时，发现下列经济业务内容的账簿记录有误。

实训要求：将下列各项经济业务的错误分录，分别以适当的更改错账方法予以更正。

（1）车间管理人员张军出差回来报销差旅费 1 100 元，交回现金 900 元，予以转账。原编记账凭证的会计分录如表 4-6 所示。

表 4-6　　　　　　　　　　　　　**记账凭证**

2012 年 1 月3 日　　　　　　　　　　　　凭证编 __附件 张

摘要	会计科目		借方金额								√	贷方金额								√
	总账科目	明细科目	十	万	千	百	十	元	角	分		十	万	千	百	十	元	角	分	
略	**管理费用**				1	1	0	0	0	0	√									
	库存现金					9	0	0	0	0	√									
	其他应收款	**张军**												2	0	0	0	0	0	√
	合　计			¥	2	0	0	0	0	0			¥	2	0	0	0	0	0	

（2）以现金支付销售人员差旅费 2 000 元，原编记账凭证的会计分录如表 4-7 所示。

表 4-7　　　　　　　　　　　　　**记账凭证**

2012 年 1 月5 日　　　　　　　　　　　　凭证编__附件 张

摘要	会计科目		借方金额								√	贷方金额								√
	总账科目	明细科目	十	万	千	百	十	元	角	分		十	万	千	百	十	元	角	分	
略	**其他应收款**				2	0	0	0	0	0	√									
	库存现金																			
														2	0	0	0	0	0	√
	合　计			¥	2	0	0	0	0	0			¥	2	0	0	0	0	0	

（3）用银行存款支付所欠供货单位 7 600 元，原编记账凭证的会计分录如表 4-8 所示。

表 4-8　　　　　　　　　　　　　**记账凭证**

2012 年 1 月11 日　　　　　　　　　　　　凭证编__附件 张

摘要	会计科目		借方金额								√	贷方金额								√
	总账科目	明细科目	十	万	千	百	十	元	角	分		十	万	千	百	十	元	角	分	
略	**应付账款**				6	7	0	0	0	0	√									
	银行存款																			
														6	7	0	0	0	0	√
	合　计			¥	6	7	0	0	0	0			¥	6	7	0	0	0	0	

（4）结转本期商品销售收入 48 000 元，原编记账凭证的会计分录如表 4-9 所示。

表 4-9 **记账凭证**

2012 年 1 月 14 日 凭证编__附件 张

摘要	会计科目		借方金额								√	贷方金额								√
	总账科目	明细科目	十	万	千	百	十	元	角	分		十	万	千	百	十	元	角	分	
略	本年利润			4	8	0	0	0	0	0	√									
	主营业务收入												4	8	0	0	0	0	0	√
	合 计		¥	4	8	0	0	0	0	0		¥	4	8	0	0	0	0	0	

（5）结转本月实际完工产品的生产成本 49 000 元，原编记账凭证的会计分录如表 4-10 所示。

表 4-10 **记账凭证**

2012 年 1 月 16 日 凭证编__附件 张

摘要	会计科目		借方金额								√	贷方金额								√
	总账科目	明细科目	十	万	千	百	十	元	角	分		十	万	千	百	十	元	角	分	
略	生产成本			4	9	0	0	0	0	0	√									
	库存商品												4	9	0	0	0	0	0	√
	合 计		¥	4	9	0	0	0	0	0		¥	4	9	0	0	0	0	0	

根据记账凭证登记账簿时，将金额登记为 94 000 元。

模块实训五

编制会计报表

实训目的和要求

实训目的：

通过模拟实践操作，学生能够根据企业期末试算平衡表编制会计报表。

实训要求：

1. 了解资产负债表、利润表、现金流量表的概念及作用。
2. 熟悉资产负债表、利润表的结构和内容。
3. 了解现金流量表的结构和内容。
4. 掌握资产负债表、利润表的编制方法。

基础知识自我测试

一、单项选择题

1. 反映企业在某一特定日期资产、负债和所有者权益状况的报表是（　　）。

   A. 资产负债表　　B. 利润表

   C. 所有者权益变动表　　D. 现金流量表

2. 反映企业在一定时期经营成果的会计报表是（　　）。

   A. 资产负债表　B. 利润表　C. 利润分配表　D. 现金流量表

3. 下列属于静态报表的是（　　）。

A. 资产负债表　　　　B. 利润表

C. 所有者权益变动表　　　　D. 现金流量表

4. 企业会计核算的最终成果是（　　）。

A. 会计凭证　B. 会计账簿　C. 会计报表　D. 会计分析报告

5. 资产负债表的“货币资金”项目根据（　　）计算填列。

A. “库存现金”期末余额

B. “银行存款”期末余额

C. “其他货币资金”期末余额

D. “库存现金”、“银行存款”、“其他货币资金”科目的期末余额合计

6. 下列不属于外部会计报表的是（　　）。

A. 利润表　　　　B. 所有者权益增减变动表

C. 现金流量表　　　　D. 产品成本明细表

7. 会计报表编制的基础是（　　）。

A. 会计凭证　B. 会计账簿　C. 日记账　D. 科目汇总表

8. 利润表是根据损益类账户的（　　）填列的。

A. 期初余额　B. 期末余额　C. 累计发生额　D. 净额

9. 流动资产是指在一年内或者一个营业周期内将会变现或耗用的资产，它不包括（　　）。

A. 应收账款　B. 银行存款　C. 固定资产　D. 库存现金

10. 下列不属于利润表的项目有（　　）。

A. “生产成本”　　　　B. “营业收入”

C. “销售费用”　　　　D. “营业税金及附加”

11. 我国利润表采用（　　）格式。

A. 账户式　B. 报告式　C. 单步式　D. 多步式

12. 资产负债表中资产的排列顺序是（　　）。

A. 项目收益性　　　　B. 项目重要性

C. 项目流动性　　　　D. 项目时间性

13. 下列资产负债表项目中，不可以直接根据总分类账户期末余额填列的项目是（　　）。

A. “资本公积”　　　　B. “短期借款”

C. “应收账款”　　　　D. “应付股利”

14. 下列资产负债表项目中，应根据相应总账账户期初期末余额直接填列的项目是（　　）。

A. 应付账款　B. 应收票据　C. 应收账款　D. 预付账款

15. 最关心企业赢利能力和利润分配政策的会计报表使用者是（　　）。

A. 股东　B. 供货商　C. 债权人　D. 企业职工

16. 利润分配表是（　　）的附表。

A. 资产负债表　B. 利润表
C. 现金流量表　D. 合并报表

17. 下列不应当归类为流动资产的是（　　）。

A. 预计在一个正常营业周期中变现、出售或耗用的资产
B. 主要为取得控制权而取得的资产
C. 预计在资产负债表日起一年内（含一年，下同）变现的资产
D. 在资产负债表日起一年内，交换其他资产或清偿负债的能力不受限制的现金或现金等价物资产

18. 下列不应当归类为流动负债的是（　　）。

A. 预计在一个正常营业周期中清偿
B. 主要为交易目的而持有
C. 在资产负债表日起一年内到期应予以清偿
D. 企业有权自主地将清偿推迟至资产负债表日后一年以上

19. 资产负债表中资产类列示的内容不包括（　　）。

A. 应收及预付款项　B. 应付及预收款项
C. 持有至到期投资　D. 长期股权投资

20. 资产负债表中负债类列示的内容不包括（　　）。

A. 短期借款　B. 应付及预收款项
C. 持有至到期投资　D. 预计负债

21. 资产负债表中资产类列示的内容包括（　　）。

A. 长期期借款　B. 其他应付款
C. 长期待摊费用　D. 预计负债

22. 资产负债表中负债类列示的内容包括（　　）。

A. 应收及预付款项　B. 应付及预收款项
C. 持有至到期投资　D. 长期股权投资

23. 资产负债表“年初余额”栏数字是根据（　　）填写的。

A. 上年末的“期末余额”　B. 总账余额
C. 明细账余额　D. 上期期末余额

24. 最关心企业的偿债能力和支付利息能力的会计报表使用者是（　　）。

A. 政府机构　B. 债权人　C. 投资者　D. 企业职工

25. 根据我国统一会计制度的规定，企业资产负债表的格式是（　　）。

A. 报告式　B. 账户式　C. 多步式　D. 单步式

26. 在利润表中，从利润总额中减去（　　），得出净利润。

A. 营业税金及附加　B. 利润分配数

C. 销售费用　D. 所得税费用

27. 企业会计核算的最终成果是（　　）。

A. 会计凭证　B. 会计账簿　C. 会计报表　D. 会计分析报告

28. 资产负债表的"应收账款"项目根据（　　）计算填列。

A. 账面价值　B. 贷方余额　C. 借方余额　D. 总额

29. 下列不属于外部会计报表的是（　　）。

A. 利润表　B. 所有者权益增减变动表

C. 现金流量表　D. 产品成本明细表

30. 资产负债表中，"应收账款"项目根据（　　）填列。

A. "应收账款"总分类账户期末余额

B. "应收账款"总分类账户所属各明细分类账户的期末借方余额合计减去"坏账准备"科目期末余额

C. "应收账款"和"应付账款"总分类账户所属明细分类账户的期末借方余额合计

D. "应收账款"和"预收账款"总分类账户所属明细分类账户的期末借方余额合计，减去"坏账准备"

二、多项选择题

1. 会计报表的使用者有（　　）。

A. 投资者　B. 债权人

C. 国家经济管理机关　D. 各级主管机关

E. 企业内部管理人员

2. 会计报表的编制必须做到（　　）。

A. 数字真实　B. 计算准确　C. 内容完整　D. 编报及时

3. 属于流动资产的是（　　）。

A. 应收及预付账款　B. 一年内到期的非流动资产

C. 存货　D. 累计折旧

4. 在编制资产负债表时需要根据若干明细账户的期末余额计算填列的项目有（　　）。

A. "存货"　B. "应收账款"

C. "预付账款"　D. "应付账款"

5. 我国企业利润表的格式一般采用多步式，分步计算的利润指标包括（　　）。

A. 主营业务利润　　B. 营业利润
C. 利润总额　　D. 净利润

6. 资产负债表中“存货”项目应根据（　　）等账户的期末余额汇总填制。
A. “生产成本”　B. “原材料”　C. “库存商品”　D. “固定资产”

7. 中期会计报表按编制时间分类，可分为（　　）。
A. 年报　B. 月报　C. 季报　D. 半年报

8. 年度、半年度财务会计报告应当包括哪些内容（　　）。
A. 会计报表　　B. 会计报表附注
C. 财务情况说明书　　D. 领料单

9. 资产负债表中“货币资金”项目应根据（　　）账户的期末余额汇总填制。
A. “应收票据”　B. “库存现金”　C. “银行存款”　D. “其他货币资金”

10. 利润表中下列（　　）项目可以根据本期发生额直接填列。
A. “营业税金及附加”　　B. “销售费用”
C. “管理费用”　　D. “营业收入”
E. “所得税费用”

11. 会计报表按服务对象分类可以为（　　）。
A. 内部报表　B. 外部报表　C. 基层报表　D. 合并报表

12. 资产负债表中的“存货”项目反映的内容包括（　　）。
A. 固定资产　　B. 委托代销商品
C. 委托加工物资　　D. 生产成本

13. 能计入利润表中“营业利润”项目的有（　　）。
A. 主营业务收入　　B. 其他业务收入
C. 营业外收入　　D. 所得税费用

14. 利润总额包括的内容有（　　）。
A. 主营业务利润　　B. 其他业务利润
C. 投资净收益　　D. 营业外收支净额

15. 会计信息的使用者包括（　　）。
A. 企业投资者　　B. 企业债权人
C. 财税机关　　D. 潜在投资者和债权人

16. 财务报表是对企业（　　）的表述。
A. 财务状况　B. 经营成果　C. 现金流量　D. 纳税情况

17. 财务报表应当包括下列组成部分：（　　）。
A. 资产负债表　　B. 利润表
C. 所有者权益　　D. 现金流量表

18. 企业应当在财务报表的显著位置披露下列各项：(　　)。

A. 编报企业的名称

B. 资产负债表日或财务报表涵盖的会计期间

C. 人民币金额单位

D. 财务报表是合并财务报表的，应当予以标明

19. 资产满足下列条件之一的，应当归类为流动资产：(　　)。

A. 预计在一个正常营业周期中变现、出售或耗用

B. 主要为交易目的而持有

C. 预计在资产负债表日起一年内（含一年，下同）变现

D. 在资产负债表日起一年内，交换其他资产或清偿负债的能力不受限制的现金或现金等价物

20. 负债满足下列条件之一的，应当归类为流动负债（　　）。

A. 预计在一个正常营业周期中清偿

B. 主要为交易目的而持有

C. 在资产负债表日起一年内到期应予以清偿

D. 企业无权自主地将清偿推迟至资产负债表日后一年以上

21. 资产负债表中的资产类列示的内容包括（　　）。

A. 应收及预付款项　　B. 交易性投资

C. 持有至到期投资　　D. 长期股权投资

22. 资产负债表中的负债类列示的内容包括（　　）。

A. 短期借款　　B. 应付及预收款项

C. 应付职工薪酬　　D. 预计负债

23. 资产负债表中的负债类列示的内容不包括（　　）。

A. 应收及预付款项　　B. 应付及预收款项

C. 持有至到期投资　　D. 长期股权投资

24. 资产负债表中的资产类列示的内容不包括（　　）。

A. 短期借款　　B. 应付及预收款项

C. 持有至到期投资　　D. 预计负债

25. 所有者权益变动表列示的内容包括（　　）。

A. 直接计入所有者权益的利得和损失项目及其总额

B. 会计政策变更和差错更正的累积影响金额

C. 所有者投入资本和向所有者分配利润等

D. 按照规定提取的盈余公积

26. 财务会计报告分为（　　）。

A. 年度财务会计报告　　B. 季度财务会计报告

C. 半年度财务会计报告　　D. 月度财务会计报告

27. 企业会计报表按其反映的经济内容分为（　）。

A. 资产负债表　　B. 利润表

C. 现金流量表　　D. 收入支出总表

28. 按照《企业会计制度》的规定，月份终了需编制和报送的会计报表有（　）。

A. 资产负债表　　B. 利润表

C. 利润分配表　　D. 现金流量表

29. 企业资产负债表所提供的信息主要包括（　）。

A. 企业拥有或控制的资源及其分布情况

B. 企业所承担的债务及其不同的偿还期限

C. 企业利润的形成情况及影响利润增减变动的因素

D. 企业所有者在企业资产中享有的经济利益份额及其结构

30. 我国企业的利润表采用多步式，分步计算的利润指标有（　）等。

A. 营业利润　　B. 其他业务利润

C. 利润总额　　D. 净利润

三、判断题

1. 资产负债表是反映企业经营成果的报表。（　）

2. 利润表反映的是企业资产、负债、所有者权益的总体规模和结构。（　）

3. 资产负债表和利润表都属静态会计报表。（　）

4. 资产负债表和利润表编制的理论基础是会计恒等式。（　）

5. 资产负债表的“存货”项目要根据若干个总账科目期末余额分析计算后填列。（　）

6. 生产成本是利润表的组成项目之一。（　）

7. 会计报表不等同于会计报告。（　）

8. 资产负债表可为报表使用者提供经营决策、投资决策和贷款决策的依据。（　）

9. 利润表正表的格式一般有两种：单步式利润表和多步式利润表。（　）

10. 资产负债表中，某些项目的含义和计算口径与有关总分类账户是完全一致的，可以直接根据这类总分类账户的期末余额填列资产负债表的期末余额。（　）

11. 资产负债表中的“应收账款”项目，应根据“应收账款”和“预付账款”科目所属明细科目的借方余额合计数填列。（　）

12. 编制会计报表的主要目的就是为会计报表使用者决策提供信息。（　）

13. 我国利润表的格式采用多步式。（　）

14. 资产负债表反映的是单位在一定时期财务状况具体分布的报表。(　　)

15. 资产负债表中的“固定资产”项目，应按该科目的总账余额直接填列。(　　)

16. “利润分配”总账的年末余额一定与资产负债表中未分配利润项目的数额一致。(　　)

17. 资产负债表的编制依据为“资产=负债+所有者权益”。(　　)

18. 财务报表是对企业财务状况、经营成果和现金流量的结构性表述。(　　)

19. 企业应当以持续经营为基础，根据实际发生的交易和事项，按照《企业会计准则——基本准则》和其他各项会计准则的规定进行确认和计量，在此基础上编制财务报表。(　　)

20. 企业不能以附注披露代替确认和计量。(　　)

21. 性质或功能不同的项目，应当在财务报表中单独列报，不具有重要性的项目除外。(　　)

22. 重要性应当根据企业所处环境，从项目金额大小方面加以判断。(　　)

23. 财务报表中的资产项目和负债项目的金额、收入项目和费用项目的金额不得相互抵销，其他会计准则另有规定的除外。(　　)

24. 当期财务报表的列报，至少应当提供所有列报项目上一可比会计期间的比较数据，以及与理解当期财务报表相关的说明，其他会计准则另有规定的除外。(　　)

25. 企业至少应当按年编制财务报表。年度财务报表涵盖的期间短于一年的，应当披露年度财务报表的涵盖期间，以及短于一年的原因。(　　)

26. 企业在资产负债表日或之前违反了长期借款协议，导致贷款人可随时要求清偿的负债，应当归类为长期负债。(　　)

27. 贷款人在资产负债表日或之前同意提供在资产负债表日起一年以上的宽限期，企业能够在此期限内改正违约行为，且贷款人不能要求随时清偿，该项负债应当归类为流动负债。(　　)

28. 对已在资产负债表、利润表、所有者权益变动表和现金流量表中列示的重要项目的进一步说明，包括终止经营税后利润的金额及其构成情况等。(　　)

29. 企业应当在附注中披露在资产负债表日后、财务报表批准报出日前提议或宣布发放的股利总额和每股股利金额（或分配给投资者的利润总额）。(　　)

30. 我国《企业会计制度》规定的会计报表主要是对外提供的，因此与企业职工关系不大。(　　)

四、业务题

1. 实训一

实训资料：

荣盛有限公司2009年12月末的试算平衡表如表5-1所示。

表 5-1　　　　　　　　荣盛有限公司试算平衡表

2009 年 12 月 31 日

科目名称	期初借方	期初贷方	本期发生借方	本期发生贷方	期末借方	期末贷方
现金	6 775.70	0.00	10 200.00	0.00	16 975.70	0.00
银行存款	194 598.83	0.00	68 700.00	15 420.00	247 878.83	0.00
应收账款	160 000.00	0.00	0.00	0.00	160 000.00	0.00
其他应收款	3 800.00	0.00	0.00	1 800.00	2 000.00	0.00
坏账准备	0.00	800.00	0.00	0.00	0.00	800.00
原材料	2 050.00	0.00	0.00	670.00	1 380.00	0.00
库存商品	200 000.00	0.00	0.00	0.00	200 000.00	0.00
固定资产	260 680.00	0.00	0.00	0.00	260 680.00	0.00
累计折旧	0.00	12 512.64	0.00	0.00	0.00	12 512.64
无形资产	58 500.00	0.00	0.00	487.50	58 012.50	0.00
长期待摊费用	6 520.06	0.00	0.00	53.50	6 466.56	0.00
短期借款	0.00	200 000.00	0.00	0.00	0.00	200 000.00
应付账款	0.00	222 300.00	0.00	0.00	0.00	222 300.00
应付职工薪酬	0.00	8 400.00	0.00	0.00	0.00	8 400.00
应交税费	17 000.00	0.00	0.00	0.00	17 000.00	0.00
其他应付款	0.00	2 100.00	0.00	0.00	0.00	2 100.00
实收资本（或股本）	0.00	0.00	0.00	68 700.00	0.00	68 700.00
资本公积	0.00	500 000.00	0.00	0.00	0.00	500 000.00
本年利润	0.00	0.00	7 561.00	7 561.00	0.00	0.00
利润分配	19 022.31	0.00	7 561.00	0.00	26 583.31	0.00
生产成本	17 165.74	0.00	670.00	0.00	17 835.74	0.00
销售费用	0.00	0.00	6 400.00	6 400.00	0.00	0.00
管理费用	0.00	0.00	1 161.00	1 161.00	0.00	0.00
合　计	946 112.64	946 112.64	102 253.00	102 253.00	1 014 812.64	1 014 812.64

实训要求：根据本月试算平衡表编制荣盛有限公司本月资产负债表和利润表，并将数据填入表 5-2 和表 5-3。

表 5-2　　　　　　　　资产负债表

编制单位：　　　　　　　　年　月　日　　　　　　　　单位：　元

资　　产	期末余额	年初余额	负债和所有者权益（或股东权益）	期末余额	年初余额
流动资产：			流动负债：		
货币资金			短期借款		
交易性金融资产			交易性金融负债		
应收票据			应付票据		

续表

资　　产	期末余额	年初余额	负债和所有者权益（或股东权益）	期末余额	年初余额
应收账款			应付账款		
预付款项			预收款项		
应收利息			应付职工薪酬		
应收股利			应交税费		
其他应收款			应付利息		
存货			应付股利		
一年内到期的非流动资产			其他应付款		
其他流动资产			一年内到期的非流动负债		
流动资产合计			其他流动负债		
非流动资产：			流动负债合计		
可供出售金融资产			非流动负债：		
持有至到期投资			长期借款		
长期应收款			应付债券		
长期股权投资			长期应付款		
投资性房地产			专项应付款		
固定资产			预计负债		
在建工程			递延所得税负债		
工程物资			其他非流动负债		
固定资产清理			非流动负债合计		
生产性生物资产			负债合计		
油气资产			所有者权益（或股东权益）：		
无形资产			实收资本（或股本）		
开发支出			资本公积		
商誉			减：库存股		
长期待摊费用			盈余公积		
递延所得税资产			未分配利润		
其他非流动资产			所有者权益（或股东权益）合计		
非流动资产合计					
资产总计			负债和所有者权益（或股东权益）		

表 5-3　　利润表

编制单位：　　年度　　单位：元

项　　目	本期金额	上期金额
一、营业收入		（略）
减：营业成本		
营业税金及附加		
销售费用		
管理费用		
财务费用		
资产减值损失		
加：公允价值变动收益（损失以“–”号填列）		
投资收益（损失以“–”号填列）		
其中：对联营企业和合营企业的投资收益		
二、营业利润（亏损以“–”号填列）		
加：营业外收入		
减：营业外支出		
其中：非流动资产处置损失		
三、利润总额（亏损总额以“–”号填列）		
减：所得税费用		
四、净利润（净亏损以“–”号填列）		
五、每股收益		
（一）基本每股收益		
（二）稀释每股收益		

2. 实训二

实训资料：

利达发展有限公司 2010 年 12 月 31 日的试算平衡表如表 5-4 所示。

表 5-4　　利达发展有限公司试算平衡表

2010 年 12 月 31 日

科目名称	期初余额		发生额		余额	
	借方	贷方	借方	贷方	借方	贷方
库存现金	4 038.00	0.00	2 000.00	1 000.00	5 038.00	0.00
银行存款	1 032 038.10	0.00	74 880.00	7 520.00	1 099 398.10	0.00
其他货币资金	10 000 000.00	0.00	0.00	0.00	10 000 000.00	0.00
应收票据	292 300.00	0.00	0.00	0.00	292 300.00	0.00
应收账款	1 268 000.00	0.00	0.00	0.00	1 268 000.00	0.00
其他应收款	4 400.00	0.00	1 000.00	0.00	5 400.00	0.00
坏账准备	0.00	6 340.00	0.00	0.00	0.00	6 340.00
原材料	1 414 708.00	0.00	4 150.00	2 100.00	1 416 758.00	0.00

续表

科目名称	期初余额		发生额		余额	
	借方	贷方	借方	贷方	借方	贷方
包装物	43 797.00	0.00	0.00	0.00	43 797.00	0.00
自制半成品	40 000.00	0.00	0.00	0.00	40 000.00	0.00
库存商品	372 040.00	0.00	20 100.00	30 000.00	362 140.00	0.00
预付账款	180 000.00	0.00	0.00	0.00	180 000.00	0.00
固定资产	6 686 000.00	0.00	0.00	0.00	6 686 000.00	0.00
累计折旧	0.00	1 952 514.00	0.00	3 000.00	0.00	1 955 514.00
无形资产	143 000.00	0.00	0.00	0.00	143 000.00	0.00
长期待摊费用	39 600.00	0.00	0.00	0.00	39 600.00	0.00
短期借款	0.00	500 000.00	0.00	0.00	0.00	500 000.00
应付票据	0.00	204 750.00	0.00	0.00	0.00	204 750.00
应付账款	0.00	1 058 756.00	0.00	0.00	0.00	1 058 756.00
应付职工薪酬	0.00	173 323.40	0.00	25 000.00	0.00	198 323.40
应付股利	0.00	400 000.00	0.00	0.00	0.00	400 000.00
应交税费	0.00	150 387.40	850.00	16 750.00	0.00	166 287.40
其他应付款	0.00	86 454.00	0.00	0.00	0.00	86 454.00
应付利息	0.00	200 000.00	0.00	0.00	0.00	200 000.00
长期借款	0.00	700 000.00	0.00	0.00	0.00	700 000.00
应付债券	0.00	100 000.00	0.00	0.00	0.00	100 000.00
实收资本	0.00	6 200 000.00	0.00	0.00	0.00	6 200 000.00
资本公积	0.00	292 701.00	0.00	0.00	0.00	292 701.00
盈余公积	0.00	300 000.00	0.00	0.00	0.00	300 000.00
本年利润	0.00	0.00	64 000.00	64 000.00	0.00	0.00
未分配利润	0.00	126 000.00	0.00	17 610.00	0.00	143 610.00
生产成本	0.00	0.00	20 100.00	20 100.00	0.00	0.00
主营业务收入	0.00	0.00	64 000.00	64 000.00	0.00	0.00
主营业务成本	0.00	0.00	30 000.00	30 000.00	0.00	0.00
销售费用	0.00	0.00	400.00	400.00	0.00	0.00
管理费用	0.00	0.00	10 000.00	10 000.00	0.00	0.00
财务费用	0.00	0.00	120.00	120.00	0.00	0.00
所得税费用	0.00	0.00	5 870.00	5 870.00	0.00	0.00
合计	12 519 921.10	12 519 921.10	297 470.00	297 470.00	12 581 431.10	12 581 431.10

实训要求：根据本月试算平衡表编制利达发展有限公司本月资产负债表和利润表，并将数据填入表 5-5 和表 5-6。

表 5-5 资产负债表

编制单位: 年 月 日 单位：元

资 产	期末余额	年初余额	负债和所有者权益（或股东权益）	期末余额	年初余额
流动资产：			流动负债：		
货币资金			短期借款		
交易性金融资产			交易性金融负债		
应收票据			应付票据		
应收账款			应付账款		
预付款项			预收款项		
应收利息			应付职工薪酬		
应收股利			应交税费		
其他应收款			应付利息		
存货			应付股利		
一年内到期的非流动资产			其他应付款		
其他流动资产			一年内到期的非流动负债		
流动资产合计			其他流动负债		
非流动资产：			流动负债合计		
可供出售金融资产			非流动负债：		
持有至到期投资			长期借款		
长期应收款			应付债券		
长期股权投资			长期应付款		
投资性房地产			专项应付款		
固定资产			预计负债		
在建工程			递延所得税负债		
工程物资			其他非流动负债		
固定资产清理			非流动负债合计		
生产性生物资产			负债合计		
油气资产			所有者权益（或股东权益）：		
无形资产			实收资本（或股本）		
开发支出			资本公积		
商誉			减：库存股		
长期待摊费用			盈余公积		
递延所得税资产			未分配利润		
其他非流动资产			所有者权益（或股东权益）合计		
非流动资产合计					
资产总计			负债和所有者权益（或股东权益）		

表 5-6　　　　利润表

编制单位：　　　　年度　　　　单位：元

项　目	本期金额	上期金额
一、营业收入		（略）
减：营业成本		
营业税金及附加		
销售费用		
管理费用		
财务费用		
资产减值损失		
加：公允价值变动收益（损失以"-"号填列）		
投资收益（损失以"-"号填列）		
其中：对联营企业和合营企业的投资收益		
二、营业利润（亏损以"-"号填列）		
加：营业外收入		
减：营业外支出		
其中：非流动资产处置损失		
三、利润总额（亏损总额以"-"号填列）		
减：所得税费用		
四、净利润（净亏损以"-"号填列）		
五、每股收益		
（一）基本每股收益		
（二）稀释每股收益		

3. 实训三

实训资料：

嘉和有限公司 2011 年 12 月 31 日的试算平衡表如表 5-7 所示。

表 5-7　　　　嘉和有限公司试算平衡表

2011 年 12 月 31 日

科目名称	期初借方	期初贷方	本期发生借方	本期发生贷方	期末借方	期末贷方
库存现金	30 900	0	2 200	960	32 140	0
银行存款	1 250 000	0	100	75 500	1 174 600	0
其他货币资金	150 400	0	0	0	150 400	0
交易性金融资产	20 000	0	0	0	20 000	0
应收票据	351 000	0	585 000	0	936 000	0
应收账款	234 000	0	11 700	0	245 700	0
其他应收款	8 000	0	800	5 000	3 800	0
坏账准备	0	1 170	0	0	0	1 170
材料采购	150 000	0	125 000	0	275 000	0

续表

科目名称	期初借方	期初贷方	本期发生借方	本期发生贷方	期末借方	期末贷方
原材料	452 400	0	25 000	226 500	250 900	0
库存商品	1 750 000	0	434 600	286 000	1 898 600	0
周转材料	144 400	0	0	0	144 400	0
长期股权投资	7 956 436	0	0	0	7 956 436	0
固定资产	820 000	0	38 000	0	858 000	0
累计折旧	0	233 088	0	88 000	0	321 088
无形资产	326 540	0	70 000	0	396 540	0
长期待摊费用	160 000	0	1 200	400	160 800	0
短期借款	0	800 000	0	0	0	800 000
应付票据	0	468 000	0	87 750	0	555 750
应付账款	0	147 000	30 000	58 500	0	175 500
应付职工薪酬	0	43 590	0	262 200	0	305 790
应交税费	0	354 360	21 250	115 425	0	448 535
应付利息	0	2 680	0	800	0	3 480
其他应付款	0	6 800	0	0	0	6 800
长期借款	0	1 500 000	0	0	0	1 500 000
实收资本	0	7 000 000	0	70 000	0	7 070 000
资本公积	0	1 078 000	0	0	0	1 078 000
盈余公积	0	886 000	0	13 563	0	899 563
本年利润	0	0	510 000	510 000	0	0
利润分配	0	1 283 388	20 345	74 597	0	1 337 640
生产成本	0	0	434 600	434 600	0	0
制造费用	0	0	86 000	86 000	0	0
主营业务收入	0	0	510 000	510 000	0	0
主营业务成本	0	0	286 000	286 000	0	0
营业税金及附加	0	0	6 120	6 120	0	0
销售费用	0	0	13 800	13 800	0	0
管理费用	0	0	112 860	112 860	0	0
财务费用	0	0	800	800	0	0
所得税费用	0	0	22 605	22 605	0	0
合计	13 804 076	13 804 076	3 347 980	3 347 980	14 503 316	14 503 316

实训要求：根据本月试算平衡表编制嘉和有限公司本月资产负债表和利润表，并将数据填入表 5-8 和表 5-9。

表 5-8　　　　　　　　　　资产负债表

编制单位:　　　　　　　　　年　　月　　日　　　　　　　　　单位：元

资　　产	期末余额	年初余额	负债和所有者权益（或股东权益）	期末余额	年初余额
流动资产：			流动负债：		
货币资金			短期借款		
交易性金融资产			交易性金融负债		
应收票据			应付票据		
应收账款			应付账款		
预付款项			预收款项		
应收利息			应付职工薪酬		
应收股利			应交税费		
其他应收款			应付利息		
存货			应付股利		
一年内到期的非流动资产			其他应付款		
其他流动资产			一年内到期的非流动负债		
流动资产合计			其他流动负债		
非流动资产：			流动负债合计		
可供出售金融资产			非流动负债：		
持有至到期投资			长期借款		
长期应收款			应付债券		
长期股权投资			长期应付款		
投资性房地产			专项应付款		
固定资产			预计负债		
在建工程			递延所得税负债		
工程物资			其他非流动负债		
固定资产清理			非流动负债合计		
生产性生物资产			负债合计		
油气资产			所有者权益（或股东权益）：		
无形资产			实收资本（或股本）		
开发支出			资本公积		
商誉			减：库存股		
长期待摊费用			盈余公积		
递延所得税资产			未分配利润		
其他非流动资产			所有者权益（或股东权益）合计		
非流动资产合计					
资产总计			负债和所有者权益（或股东权益）		

表 5-9　　　　　　　　　　　　　　利润表

编制单位：　　　　　　　　　　　　年度　　　　　　　　　　　　　　单位：元

项　　目	本期金额	上期金额
一、营业收入		（略）
减：营业成本		
营业税金及附加		
销售费用		
管理费用		
财务费用		
资产减值损失		
加：公允价值变动收益（损失以“-”号填列）		
投资收益（损失以“-”号填列）		
其中：对联营企业和合营企业的投资收益		
二、营业利润（亏损以“-”号填列）		
加：营业外收入		
减：营业外支出		
其中：非流动资产处置损失		
三、利润总额（亏损总额以“-”号填列）		
减：所得税费用		
四、净利润（净亏损以“-”号填列）		
五、每股收益		
（一）基本每股收益		
（二）稀释每股收益		

模块实训六

综合能力实训

实训目的和要求

实训目的：

通过综合能力实训，学生能够比较系统地掌握基础会计核算的基本程序和具体方法，加深对所学专业理论知识的理解，提高实际动手能力。

实训要求：

1. 掌握会计凭证的填制方法。

2. 掌握总账以及明细账、日记账的填制方法。

3. 严格按照有关规定填写会计凭证，包括会计凭证的编号、日期、业务内容摘要、会计科目、金额、所附原始凭证张数等有关项目，登记账簿时要字迹清楚，并按规定的程序和方法记账、结账，发现错账应用正确的方法更正，了解账簿保管的要求和方法。

综合知识自我测试一

一、判断题（每小题1分，共10分）

1. 资产负债表上的时间为一时期数，利润表上的时间为一时点数。(　　)

2. 科目汇总表会计核算程序有利于进行试算平衡。(　　)

3. “收入−费用=利润”这一会计恒等式是复式记账法的理论基础，也是编制资产

负债表的依据。(　　)

4. 发生额试算平衡，是指某一个账户借方发生额等于贷方发生额。(　　)

5. 对不真实、不合法的原始凭证，会计人员有权不予接受，对记载不准确、不完整的原始凭证，会计人员有权要求其重新填写。(　　)

6. 会计凭证按其填制的程序和用途的不同，分为原始凭证和记账凭证。(　　)

7. 差旅费报销单按填制的手续及内容分类，属于原始凭证中的汇总凭证。(　　)

8. 企业采用重置成本、可变现净值、现值和公允价值计量的，应当保证所确定的会计要素金额能够取得并可靠计量。(　　)

9. 现金流量表是反映企业在一定会计期间经营成果的会计报表。(　　)

10. 出纳人员在办理收款或付款后，应当在原始凭证上加盖“收讫”或“付讫”的戳记，以避免重收重付。(　　)

二、单选题（每题1.5分，共30分）

1. 不能作为原始凭证的单据是(　　)。

A. 产品验收入库单　　B. 发票

C. 收据　　D. 购货合同

2. 损益表中的“本月数”栏，应该根据有关账户的(　　)填列。

A. 期初余额　　B. 本期发生额

C. 期末余额　　D. 期末余额和期初余额之差

3. 会计的实质是一种(　　)活动。

A. 经济　B. 生产　C. 管理　D. 核算　E. 监督

4. 财产清查的主要目的是为了保证(　　)。

A. 账证相符　B. 账账相符　C. 账表相符　D. 账实相符

5. 期末计提短期借款利息时，贷记的账户是(　　)。

A. 财务费用　B. 应付利息　C. 短期借款　D. 管理费用

6. 投资者缴付企业的出资额大于其在企业注册资本中所拥有份额的数额，计入(　　)账户进行核算。

A. “实收资本”　B. “资本公积”　C. “资本溢价”　D. “盈余公积”

7. 更正错账时，划线更正法的适用范围是(　　)。

A. 记账凭证上会计科目或记账方向错误，导致账簿记录错误

B. 记账凭证正确，在记账时发生错误，导致账簿记录错误

C. 记账凭证上会计科目或记账方向正确，所记金额大于应记金额，导致账簿记录错误

D. 记账凭证上会计科目或记账方向正确，所记金额小于应记金额，导致账簿记录错误

8. 复式记账法对每项经济业务都以相等的金额在（　　）中进行登记。

A. 一个账户　　B. 两个账户

C. 全部账户　　D. 两个或两个以上的账户

9. 国家机关销毁会计档案，应由（　　）派员参加监销。

A. 单位档案机构和会计机构　　B. 同级财政、审计部门

C. 上级机关　　D. 同级税务部门

10. 所有者权益类账户的期末余额一般在（　　）。

A. 借方　　B. 借方或贷方　　C. 无余额　　D. 贷方

11. 在设置会计科目时应当遵守一定的原则，下列不属于遵守原则的是（　　）。

A. 真实性　　B. 合法性　　C. 相关性　　D. 实用性

12. 期间费用不包括（　　）。

A. 管理费用　　B. 财务费用　　C. 制造费用　　D. 销售费用

13. 在利润表上，利润总额扣除（　　）后，得出净利润或净亏损。

A. 管理费用和财务费用　　B. 增值税

C. 营业外收支净额　　D. 所得税费用

14. 我国企业的利润表一般采用（　　）。

A. 单步式　　B. 账户式　　C. 多步式　　D. “丁”字形

15. 在财务清查中填制的“账存实存对比表”是（　　）。

A. 登记总分类账的直接依据　　B. 调整账簿记录的原始凭证

C. 调整账面记录的记账凭证　　D. 登记日记账的直接依据

16. 账簿中的文字或数字不要顶格书写，一般占格距的（　　）。

A. 1/2　　B. 2/3　　C. 1/4　　D. 3/5

17. 下列会计科目中，属于损益类的是（　　）。

A.“财务费用”　　B.“实收资本”

C.“长期待摊费用”　　D.“制造费用”

18. 现金日记账账面余额应（　　）与现金实际库存数相核对。

A. 每月　　B. 每 15 天

C. 每隔 3～5 天　　D. 每天

19. 企业购进材料 4 000 元，款未付，这笔经济业务应该编制的记账凭证是（　　）。

A. 收款凭证　　B. 付款凭证　　C. 转账凭证　　D. 以上均可

20. 会计科目按其反映的经济内容划分，“资本公积”科目属于（　　）科目。

A. 资产类　　B. 负债类

C. 所有者权益类　　D. 损益类

三、多选题（每题1.5分，共30分）

1. 在资产负债表上，所有者权益应按照以下项目分项列示，包括（　　）。

A. “实收资本”　　B. “资本公积”

C. “盈余公积”　　D. “未分配利润”

E. “投资净收益”

2. 记账凭证按其所反映的经济内容不同，可分为（　　）。

A. 收款凭证　B. 付款凭证　C. 汇总凭证　D. 转账凭证

E. 现金凭证

3. 与“本年利润”账户的借方相对应的贷方账户有（　　）。

A. “管理费用”　B. “制造费用”　C. “生产成本”

D. “财务费用”　E. “销售费用”

4. 会计账簿按其用途可以划分为以下几类（　　）。

A. 序时账　B. 分类账　C. 活页账　D. 订本账

E. 备查账　F. 卡片账

5. 现金日记账应定期结出发生额和余额，并与库存现金核对。下列期限中不正确的有（　　）。

A. 每月　　B. 每15天

C. 每隔3～5天　　D. 每日

6. 单位在开展清产核资时，一般不是（　　）。

A. 局部清查　B. 全面清查　C. 重点清查　D. 抽查

7. 甲企业从银行借款10万元归还原欠B公司的购货款，借款和还款手续办妥后，这项经济业务使甲企业的会计要素发生变化，下列表述中不正确的有（　　）。

A. 资产和负债都增加

B. 权益和资产都增加

C. 一项负债减少，另一项负债增加

D. 负债减少，资产增加

8. 会计的基本职能包括（　　）。

A. 进行会计核算　　B. 预测经济前景

C. 参与经济决策　　D. 实施会计监督

9. 下列各项中，属于企业会计核算具体内容的有（　　）。

A. 款项和有价证券的收付　　B. 财产物资的收发、增减和使用

C. 债权债务的发生和结算　　D. 财务成果的计算和处理

10. 总分类账户与明细分类账户平行登记的要点包括（　　）。

A. 依据相同　B. 方向相同　C. 期间相同　D. 金额相同

11. 填制原始凭证时，符合书写要求的有（　　）。

A. 阿拉伯金额数字前面应当书写货币币种符号

B. 币种符号与阿拉伯金额数字之间不得留有空白

C. 大写金额有分的，分字后面要写“整”或“正”字

D. 汉字大写金额可以用简化字代替

12. 下列项目中，属于不定期并且全面清查的有（　　）。

A. 单位合并、撤销以及改变隶属关系

B. 年终决算之前

C. 企业股份制改制前

D. 单位主要领导调离时

13. 下列支票填制方法中，正确的有（　　）。

A. 支票存根联出票日期可用阿拉伯数字书写，支票正联出票日期必须使用中文大写

B. 支票正联出票日期可以使用阿拉伯数字书写

C. 支票大写金额应紧接“人民币”书写，不得留有空白

D. 支票正面应加盖财务专用章和法人章，缺一不可

14. 下列错误不会影响借贷双方的平衡关系的是（　　）。

A. 漏记某项经济业务　　B. 重记某项经济业务

C. 记错方向，把借方记入贷方　　D. 借贷错误巧合，正好抵消

15. 会计分录的内容包括（　　）。

A. 经济业务内容摘要　　B. 账户名称

C. 经济业务发生额　　D. 应借应贷方向

16. 在借贷记账法下，可以在账户借方登记的是（　　）。

A. 资产的增加　　B. 负债的增加

C. 收入的增加　　D. 所有者权益的减少

17. 留存收益包括（　　）。

A. 法定盈余公积　　B. 资本公积

C. 任意盈余公积　　D. 未分配利润

18. “生产成本”、“制造费用”等成本费用类明细账一般不采用（　　）账页。

A. 三栏式　　B. 借方多栏式　　C. 数量金额式　　D. 贷方多栏式

19. 下列对账工作中不属于账实核对的有（　　）。

A. 总分类账与所属的明细分类账核对

B. 总分类账与日记账核对

C. 企业银行存款日记账与银行对账单核对

D. 会计部门的财产物资明细账与财产物资保管部门的有关明细账核对

20. 用现金支付职工的医药费 78 元，会计人员编制的记账凭证为：借记“应付职工薪酬”账户 87 元，贷记“现金”账户 87 元，并登记入账。下列更正的方法不正确的有（ ）。

A. 重新编制正确凭证　　B. 红字更正法

C. 划线更正法　　D. 补充登记法

四、业务题（共40分）

A 公司 5 月份相关业务如下。

1. 采购员张明出差回来，报销差旅费 2 500 元，剩余款项 500 元退回财务部门。

2. 企业以银行存款支付应付 B 公司账款 20 000 元。

3. 本公司是增值税一般纳税人，向乙公司采购原材料 500 公斤，单价 300 元，所需支付款项总额 150 000 元。按照购货合同的规定，本公司向乙公司预付货款 20%，验收货物后补付其余款项。数日后，本公司收到乙公司发来的原材料，经验收无误，增值税专用发票上记载的货款为 150 000 元，增值税税额为 25 500 元。以银行存款补付不足款项 145 500 元。作出本公司预付款项、收到原材料以及补付款项的会计分录。

4. 本公司材料采用实际成本核算，购入材料一批，买价 20 000 元，增值税税额 3 400 元。结算凭证已到，款项尚未支付，材料验收入库。

5. 根据本月“发料凭证汇总表”分配材料费：基本生产车间生产产品领用材料 56 000 元，基本生产车间一般耗用材料 860 元，行政管理部门领用材料 2 300 元，在建工程领用材料 8 000 元，专设销售机构领用材料 3 800 元。

6. 本公司用银行存款购入一台需要安装的设备，增值税专用发票上注明设备买价为 20 000 元，增值税税额为 3 400 元，支付运杂费 6 000 元，编制会计分录。

7. 某有限责任公司按法定程序办妥增资手续，以资本公积 200 000 元转增注册资本。

8. 本企业以现金 6 000 元支付企业管理部门的办公费。

9. 本企业按照规定的折旧率，计提本月固定资产的折旧费 80 000 元，其中，车间使用的固定资产应提 40 000 元，企业管理部门应提 40 000 元。

要求：

（1）根据所给的经济业务编制会计分录。

（2）计算企业应交所得税（列出计算过程）。

（3）编制应交所得税的会计分录。

综合知识自我测试二

一、判断题（本类题共10题，每小题1分，共10分）

1. 会计是以货币为主要计量单位，反映与监督一个单位经济活动的一种经济管

理活动。(　　)

2. 会计的监督职能就是对特定对象经济业务的真实性、合法性和合理性进行审查。(　　)

3. 会计科目是对会计对象的基本分类，是会计核算对象的具体化。(　　)

4. 在会计核算的基本前提中，确定会计核算空间范围的是持续经营。(　　)

5. 根据“资产=负债”这一会计平衡公式，一项会计要素的变动，必然会引起另一项会计要素的等额变动。(　　)

6. 原始凭证按填制方法不同，分为通用凭证和专用凭证。(　　)

7. 审核无误的会计凭证是登记账簿的依据。(　　)

8. 由具有一定格式的账页组成，以审核无误的会计凭证为依据，全面、系统、连续地记录各项经济业务的簿籍称为会计账户。(　　)

9. 凡是在结账前发现记账凭证正确而登记账簿时发生的错误，可用划线更正法更正。(　　)

10. 各种账务处理程序之间的主要区别在于登记总账的依据和程序不同。(　　)

二、单项选择题（在每小题给出的四个备选参考答案中，只有一个正确的答案，请将所选答案的字母填在题后的括号内。每小题1.5分，共30分）

1. 下列各项中，属于流动资产的是(　　)。

A. 机器设备　B. 预收账款　C. 专利权　D. 预付账款

2. 下列各项中，符合会计要素收入定义的是(　　)。

A. 出售材料收入　B. 出售无形资产净收益
C. 转让固定资产净收益　D. 向购货方收取的增值税销项税额

3. 确立会计核算空间范围所依据的会计基本假设是(　　)。

A. 会计主体　B. 持续经营
C. 会计分期　D. 货币计量

4. 要求企业会计处理方法前后各期应当一致，不得随意变更的会计信息的质量要求是(　　)。

A. 可比性　B. 重要性
C. 实质重于形式　D. 相关性

5. 会计科目与账户的本质区别在于(　　)。

A. 反映的经济内容不同　B. 记录资产和权益的内容不同
C. 记录资产和权益的方法不同　D. 会计账户有结构，而会计科目无结构

6. 按现行制度规定，企业会计报表不包括(　　)。

A. 资产负债表　B. 利润表
C. 现金流量表　D. 会计报表附注

7. 保管期满，不得销毁的会计档案中不包括（　　）。

A. 未结清的债权债务原始凭证

B. 正在建设期间的建设单位的有关会计档案

C. 超过保管期限但尚未报废的固定资产购买凭证

D. 银行存款余额调节表

8. 将分散的零星的日常会计资料归纳整理为更集中、更系统、更概括的会计资料，以总括反映企业财务状况和经营成果的核算方法是（　　）。

A. 编制会计凭证　　B. 编制记账凭证

C. 编制会计报表　　D. 登记会计账簿

9. 有关资产类账户说法不正确的是（　　）。

A. 借方登记增加　　B. 贷方登记减少

C. 借方登记减少　　D. 期末余额一般在借方

10. 对于费用类账户来讲，下列不正确的是（　　）。

A. 费用的增加额记入账户的借方

B. 如有期末余额，必定为贷方余额

C. 期末结转后一般没有余额

D. 贷方登记费用的减少数

11. 复式记账法对每项经济业务都以相等的金额在（　　）中进行登记。

A. 一个账户　　B. 两个账户

C. 全部账户　　D. 两个或两个以上的账户

12. “应收账款”账户的期初余额为借方 3 000 元，本期借方发生额 9 000 元，本期贷方发生额 8 000 元，该账户的期末余额为（　　）。

A. 借方 4 000 元　　B. 贷方 8 000 元

C. 贷方 5 000 元　　D. 借方 5 000 元

13. 下列各项中，不属于原始凭证要素的是（　　）。

A. 经济业务发生日期　　B. 经济业务内容

C. 会计人员记账标记　　D. 原始凭证附件

14. 原始凭证不得涂改、刮擦、挖补。对于金额有错误的原始凭证，正确的处理方法是（　　）。

A. 由出具单位重开

B. 由出具单位在凭证上更正，并由经办人员签名

C. 由出具单位在凭证上更正，并由出具单位负责人签名

D. 由出具单位在凭证上更正，并加盖出具单位印章

15. 将现金送存银行，会计人员应填制的记账凭证是（　　）。

A. 现金付款凭证　　B. 转账凭证

C. 银行收款凭证　　D. 银行收款凭证和现金付款凭证

16. 在我国，现金日记账和银行存款日记账要选用（　　）。

A. 活页式账簿　　B. 订本式账簿

C. 卡片式账簿　　D. 自己认为合适的账簿

17. 下列账簿记录的书写方法中，不正确的是（　　）。

A. 用蓝黑墨水书写

B. 用红色墨水冲销错账

C. 在不设借贷栏的多栏式账页中用红色墨水登记减少数

D. 用圆珠笔书写

18. 更正错账时，划线更正法的适用范围是（　　）。

A. 记账凭证上会计科目或记账方向错误，导致账簿记录错误

B. 记账凭证正确，在记账时发生错误，导致账簿记录错误

C. 记账凭证上会计科目或记账方向正确，所记金额大于应记金额，导致账簿记录错误

D. 记账凭证上会计科目或记账方向正确，所记金额小于应记金额，导致账簿记录错误

19. 区分不同账务处理程序的根本标志是（　　）。

A. 编制汇总原始凭证的依据不同

B. 编制记账凭证的依据不同

C. 登记总分类账的依据不同

D. 编制会计报表的依据不同

20. 根据《现金管理暂行条例》的规定，下列经济业务中，不能用现金支付的是（　　）。

A. 支付职工奖金 5 000 元　　B. 支付零星办公用品购置费 800 元

C. 支付物资采购货款 1 200 元　　D. 支付职工差旅费 2 000 元

三、多项选择题（共20题，每小题1.5分，共计30分，多选、少选或错选均不得分）

1. 规定会计凭证的传递程序时，应考虑的因素有（　　）。

A. 经营管理上的需要

B. 本单位交易或事项的特点

C. 本单位内部设置和人员分工情况

D. 会计人员的业务水平

2. 下列账簿中，通常采用三栏式账页格式的有（　　）。

A. 现金日记账　　　　　　　　B. 银行存款日记账

C. 总分类账　　　　　　　　D. 管理费用明细账

3. 下列各项关于会计账簿的基本内容中，说法正确的有（　　）。

A. 账簿的封面只需注明账簿的名称

B. 账簿的扉页主要用来标明会计账簿的使用信息

C. 账簿的账页是用来记录经济业务事项的载体

D. 账簿的账页格式因反映经济业务内容的不同而不同

4. 以下关于会计账簿启用的说法中，正确的有（　　）。

A. 启用会计账簿时，应当在账簿封面上写明单位名称和账簿名称

B. 启用会计账簿时，无须在账簿扉页上附启用表

C. 启用订本式账簿应当从第一页到最后一页顺序编定页数，不得跳页、缺号

D. 使用活页式账页应当按账户顺序编号，并须定期装订成册；装订后再按实际使用的账页顺序编定页码，另加目录，记明每个账户的名称和页次

5. 下列各项中，关于账证核对说法正确的是（　　）。

A. 账证核对是对会计账簿记录与原始凭证、记账凭证的各项内容进行核对

B. 通常在日常编制凭证和记账过程中进行

C. 是追查会计记录正确与否的最终途径

D. 如果账账不符，可以将账簿记录与有关会计凭证进行核对

6. 下列关于存货计价与当期收益关系正确的说法是（　　）。

A. 如果期末存货计价过低，当期收益可能因此而减少

B. 如果期末存货计价过高，当期收益可能因此而增加

C. 如果期初存货计价过低，当期收益可能因此而增加

D. 如果期初存货计价过高，当期收益可能因此而减少

7. 下列关于会计档案销毁说法正确的是（　　）。

A. 需要销毁的会计档案应当编制会计档案销毁清册

B. 单位负责人应在会计档案销毁清册上签署意见

C. 销毁时，应由单位档案机构和会计机构共同派员监销

D. 销毁后，监销人要在销毁清册上签名盖章

8. 下列会计处理符合权责发生制的有（　　）。

A. 企业 2 月份签了一份 7 月份的销售合同，并将这笔销售收入计入 2 月份的收入

B. 对固定资产计提折旧

C. 年末，企业将全年的电费一次性计入 12 月份的费用

D. 长期待摊费用的会计处理

9. 用公式表示试算平衡关系，正确的是（　　）。

A. 全部账户本期借方发生额合计=全部账户本期贷方发生额合计

B. 全部账户本期借方余额合计=全部账户本期贷方余额合计

C. 负债类账户借方发生额合计=负债类账户贷方发生额合计

D. 资产类账户借方发生额合计=资产类账户贷方发生额合计

10. 下列关于对账说法正确的是（　　）。

A. 对账包括账证核对、账账核对和账实核对

B. 总分类账和序时账簿核对属于账账核对

C. 银行存款日记账一般至少一月核对一次

D. 往来款项核对属于账实核对

11. 账户分为左、右两方，至于哪一方登记增加，哪一方登记减少，取决于（　　）。

A. 所记录的经济业务　　B. 经营管理的需要

C. 会计核算手段　　D. 账户的性质

12. 下列关于会计概念说法错误的是（　　）。

A. 会计是以货币为唯一计量单位，反映和监督一个单位经济活动的一种经济管理工作

B. 会计是以货币为计量单位，反映和监督一个单位经济活动的一种经济管理工作

C. 会计是以货币为主要计量单位，反映和监督一个单位经济活动的一种经济管理工作

D. 会计是以货币为主要计量单位，反映和监督一个单位经济活动的一种管理工作

13. 下列账户属于资产类的是（　　）。

A. "银行存款"　　B. "预收账款"

C. "预付账款"　　D. "应付账款"

14. 账页包括的内容有（　　）。

A. 账户名称　B. 起止页次　C. 摘要栏　D. 金额栏

15. 下列属于企业应该进行全面清查情况的是（　　）。

A. 编制年度会计报告前　　B. 清产核资时

C. 企业股份制改制前　　D. 单位主要领导调离工作前

16. 年度、半年度财务会计报告应当包括（　　）。

A. 会计报表　　B. 会计报表附注

C. 财务情况说明书　　D. 利润表

17. 根据会计恒等式，下列哪类经济业务不会发生？（　　）

A. 资产增加，负债减少，所有者权益不变

B. 资产不变，负债增加，所有者权益增加

C. 资产有增有减，权益不变

D. 债权人权益增加，所有者权益减少，资产不变

18. 关于试算平衡法的下列说法正确的是（　　）。

A. 包括发生额试算平衡法和余额试算平衡法

B. 试算不平衡，表明账户记录肯定有错误

C. 试算平衡了，说明账户记录一定正确

D. 理论依据是“有借必有贷、借贷必相等”

19. 下列要素中，属于期间费用的有（　　）。

A. 制造费用　B. 管理费用　C. 财务费用　D. 销售费用

20. 下列工作以会计恒等式为理论基础的是（　　）。

A. 核算成本　B. 复式记账　C. 试算平衡　D. 编制资产负债表

四、会计分录题（共30分）

1. 本企业收到长林集团投资的设备一台，其原值 1 000 000 元。

2. 本企业收到张忠诚个人投资的现金 8 000 元。

3. 本企业从某工厂购进甲材料一批，价值 14 000 元，增值税率为 17%，货款尚未支付。

4. 本企业从宝安公司购进乙材料一批，价值 16 000 元，增值税率为 17%，款项已通过银行支付。

5. 经汇总计算，本月应付给职工的工资为 67 200 元，其中，生产第一线的工人工资为 40 000 元，车间管理人员的工资为 7 200 元，厂部管理人员的工资为 20 000 元。

6. 生产车间为制造 A 产品领用材料一批，其价值为 9 400 元，厂部领用一般性耗用材料 400 元。

7. 采购员张望勤原借现金 1 000 元，现出差归来并报销差旅费 940 元，剩余现金交还单位。

8. 本单位职工王国卫报销医药费 180 元，出纳以现金付讫。

9. 本企业以现金 5 400 元支付企业管理部门的办公费。

10. 本企业以转账支票支付企业管理部门聘请律师的费用 2 880 元。

11. 本企业按照规定的折旧率，计提本月固定资产的折旧费 79 400 元，其中，车间使用的固定资产应提 49 400 元，企业管理部门应提 30 000 元。

12. 从银行借入 3 个月期的短期借款 100 000 元，利率为 3%。

13. 计提应由本月负担的短期借款利息 23 400 元。

14. 本企业销售 B 产品 200 件，每件售价 40 元，增值税率为 17%，款项已收到

并存入银行。

要求：根据上述业务，编制相关的会计分录。

综合知识自我测试三

一、判断题（每题1分，共10分）

1. 收付实现制是会计基本假设之一。(　　)

2. 财产清查不属于会计核算的方法。(　　)

3. “借”、“贷”只是一种记账符号，其本身没有实际的含义。(　　)

4. 财产清查不属于会计核算的方法。(　　)

5. 如果企业一定时期试算结果是平衡的，则说明该企业这一时期的经济业务记录肯定没有错误。(　　)

6. 在利润表上，营业利润加营业外收入减营业外支出，得出净利润或净亏损。(　　)

7. 外单位如果因特殊原因需要利用本单位会计档案时，经本单位负责人批准，可以查阅或复制。(　　)

8. 所有者权益是指全部资产减去全部负债后的余额。(　　)

9. 会计科目按其反映的经济内容划分，“存货跌价准备”科目属于负债类科目。(　　)

10. 银行已经收款入账，企业由于未收到相关凭证尚未入账的未达账项，会造成企业银行存款日记账的余额小于银行对账单的余额。(　　)

二、单选题（每题1.5分，共30分）

1. 下列各项目中，不正确的经济业务类型有(　　)。

A. 一项资产增加，一项所有者权益减少

B. 资产与负债同时增加

C. 负债内部项目之间一增一减

D. 一项负债减少，一项所有者权益增加

2. 下列会计报表中属于静态报表的是(　　)。

A. 现金流量表　　B. 资产负债表

C. 所有者权益变动表　　D. 利润表

3. 对于将现金送存银行的业务登记银行存款日记账的依据是(　　)。

A. 现金收款凭证　　B. 现金付款凭证

C. 银行存款收款凭证　　D. 银行存款付款凭证

4. 已知企业资产总额为 50 万元，企业发生以下经济业务后，资产总额应为(　　)万元。投资者投入 10 万元，存入银行；收回应收账款 5 万元，存入银行；以银行存款 3 万元购买一项固定资产；向银行取得借款 7 万元。

A. 75　　B. 68　　C. 65　　D. 67

5. 会计的两项基本职能是相辅相成、辩证统一的关系，下列说法不正确的是（　　）。

A. 会计监督是会计核算的基础

B. 会计监督是会计核算的质量保证

C. 没有核算所提供的信息，监督就失去了依据

D. 会计还具有预测经济前景、参与经济决策、评价经营业绩的功能

6. 下列各项中，不属于资产要素基本特点的是（　　）。

A. 资产由企业过去的交易或事项形成

B. 必须是有形资产

C. 预期会给企业带来经济利益

D. 由企业拥有或控制

7. 在编制试算平衡表时，下列表述不正确的是（　　）。

A. 必须保证所有账户的余额均已计入试算平衡表

B. 只要试算平衡，说明账户记录正确无误

C. 如果试算不平衡，账户记录肯定有错误，应该认真查找，直到平衡为止

D. 即使试算平衡，也不能说明账户记录绝对正确

8. 汇总转账凭证是指按（　　）分别设置，用来汇总一定时期转账业务的一种汇总记账凭证。

A. 每一个借方科目　　B. 每一个非现金科目

C. 每一个贷方科目　　D. 银行存款科目

9. 总分类账户与明细分类账户的平衡登记方法中不正确的是（　　）。

A. 依据相同　　B. 期间相同

C. 方向相反　　D. 金额相等

10. 下列项目中，不属于备查账簿的是（　　）。

A. 住房基金登记簿　　B. 租入固定资产登记簿

C. 受托加工材料登记簿　　D. 固定资产卡片

11. 对库存现金进行清查盘点时，下列不正确的是（　　）。

A. 清查现金实有数，并与日记账余额核对

B. 盘点的结果应填列“现金盘点报告表”

C. 出纳人员必须在场，并且由出纳亲自盘点

D. 检查库存限额的遵守情况及有无白条抵库情况

12. 按现行会计制度的规定，企业会计报表不包括（　　）。

A. 资产负债表　　B. 利润表

C. 现金流量表　　D. 会计报表附注

13. 保管期满，不得销毁的会计档案中不包括（　　）。

A. 未结清的债权债务原始凭证

B. 正在建设期间的建设单位的有关会计档案

C. 超过保管期限但尚未报废的固定资产购买凭证

D. 银行存款余额调节表

14. 将分散的零星的日常会计资料归纳整理为更集中、更系统、更概括的会计资料，以总括反映企业财务状况和经营成果的核算方法是（　　）。

A. 编制会计凭证　　B. 编制记账凭证

C. 编制会计报表　　D. 登记会计账簿

15. 有关资产类账户说法不正确的是（　　）。

A. 借方登记增加　　B. 贷方登记减少

C. 借方登记减少　　D. 期末余额一般在借方

16. 对于费用类账户来讲，下列不正确的是（　　）。

A. 费用的增加额记入账户的借方

B. 如有期末余额，必定为贷方余额

C. 期末结转后一般没有余额

D. 贷方登记费用的减少数

17. 银行存款日记账是根据一些凭证逐日逐笔登记的，不包括（　　）。

A. 现金收款凭证　　B. 相关的现金付款凭证

C. 银行存款收款凭证　　D. 银行存款付款凭证

18. 结账时，应当画通栏双红线的是（　　）。

A. 月末结账时　　B. 各月末结出本年累计发生额后

C. 结出本季累计发生额后　　D. 总账账户年终结账时

19. 下列属于实物资产清查范围的是（　　）。

A. 现金　　B. 存货　　C. 未达账项　　D. 应收账款

20. 固定资产卡片的保管期限为（　　）。

A. 固定资产报废清理时

B. 固定资产报废清理后保管 10 年

C. 固定资产报废清理后保管 5 年

D. 固定资产报废清理后保管 3 年

三、多选题（每题1.5分，共30分）

1. 工业企业的主要经济业务包括（　　）。

A. 资金筹集　　B. 生产准备
C. 产品生产　　D. 产品销售
E. 利润的形成与分配

2. 与“本年利润”账户的借方相对应的贷方账户有（　　）。
A. “管理费用”　　B. “制造费用”
C. “生产成本”　　D. “财务费用”
E. “销售费用”

3. 材料的采购成本包括（　　）。
A. 材料的买价　　B. 增值税进项税额
C. 运输途中的保险费用　　D. 采购人员的差旅费用
E. 市外的运杂费

4. 为了记录、反映财产物资的盘盈、盘亏和毁损情况，应当设置的科目不是（　　）。
A. “固定资产清理”　　B. “待处理财产损溢”
C. “长期待摊费用”　　D. “营业外支出”

5. 企业以银行存款偿还债务，下列表述不正确的有（　　）。
A. 一项资产减少，一项负债减少
B. 一项资产减少，一项负债增加
C. 一项资产增加，一项负债减少
D. 一项资产增加，一项负债增加

6. 某企业6月初的资产总额为150 000元，负债总额为50 000元。6月份发生下列业务：取得收入共计60 000元，发生费用共计40 000元，则下列表示为6月底该企业所有者权益的数据中，不正确的有（　　）元。
A. 120 000　　B. 170 000　　C. 160 000　　D. 100 000

7. 下列属于账簿按其账页格式不同分类的有（　　）。
A. 两栏式账簿　　B. 三栏式账簿
C. 多栏式账簿　　D. 数量金额式账簿

8. 下列记账凭证账务处理程序一般不适用的企业为（　　）。
A. 规模较大，经济业务比较复杂的企业
B. 规模不大，但经济业务比较复杂的企业
C. 规模不大，经济业务比较简单的企业
D. 中型工业企业

9. 下列业务中，不填制现金收款凭证的有（　　）。
A. 出售材料一批，款未收

B. 从银行提取现金

C. 出租设备，收到一张转账支票

D. 报废一台电脑，出售残料收到现金

10. 企业接受甲公司追加投资一台不需安装的设备，价值 50 000 元，下列会计分录不正确的有（　　）。

A. 借：固定资产 50 000
　　贷：实收资本 50 000

B. 借：制造费用 50 000
　　贷：实收资本 50 000

C. 借：固定资产 50 000
　　贷：资本公积 50 000

D. 借：固定资产 50 000
　　贷：盈余公积 50 000

11. 下列属于流动负债的有（　　）。

A. 应缴税费　　B. 应付及预收款项

C. 短期借款　　D. 应付债券

12. 下列项目中，不属于所有者权益的有（　　）。

A. “长期借款”　　B. “银行存款”

C. “长期投资”　　D. “未分配利润”

13. 下列属于总账科目的有（　　）。

A. “原材料”　　B. “甲材料”

C. “应付账款”　　D. “应收账款”

14. 下列不属于我国目前广泛使用的复式记账法的包括（　　）。

A. 增减记账法　　B. 收付记账法

C. 借贷记账法　　D. 反收付记账法

15. 某企业购进原材料 5 000 元，其中，3 000 元已用银行存款支付，余额暂欠。该项经济业务应做一笔会计分录，下列不正确的包括（　　）。

A. 一借一贷　　B. 多借多贷

C. 一借多贷　　D. 一贷多借

16. 下列属于汇总原始凭证的有（　　）。

A. 发料凭证汇总表　　B. 限额领料单

C. 差旅费报销单　　D. 工资结算汇总表

17. 某企业月初短期借款为 50 万元，本月向银行借入 3 个月期的短期借款 10 万元，归还以前的短期借款 20 万元，则本月末短期借款余额不正确的有（　　）。

A. 贷方 30 万元　　B. 借方 40 万元

C. 贷方 40 万元　　D. 借方 30 万元

18. 固定资产明细账一般不采用（　　）账簿。

A. 活页式　　B. 订本式　　C. 多栏式　　D. 卡片式

19. 甲公司月末计算本月车间使用的机器设备等固定资产的折旧费 7 000 元，下列会计分录不正确的有（　　）。

A. 借：生产成本 7 000
　　贷：累计折旧 7 000

B. 借：制造费用 7 000
　　贷：累计折旧 7 000

C. 借：管理费用 7 000
　　贷：累计折旧 7 000

D. 借：制造费用 7 000
　　贷：固定资产 7 000

20. 某企业材料总分类账户的本期借方发生额 25 000 元，贷方发生额 24 000 元，有关明细分类账户的发生额分别为：甲材料本期借方发生额 8 000 元，贷方发生额 6 000 元；乙材料借方发生额 13 000 元，贷方发生额 16 000 元；则下列丙材料的本期借、贷方发生额不正确的有（　　）。

A. 借方发生额为 12 000 元，贷方发生额为 2 000 元

B. 借方发生额为 4 000 元，贷方发生额为 2 000 元

C. 借方发生额为 4 000 元，贷方发生额为 10 000 元

D. 借方发生额为 6 000 元，贷方发生额为 8 000 元

四、综合题（30分）

某工业企业 2000 年 12 月份发生以下经济业务。

（1）收到甲企业投入资本：以银行存款形式投入资金 200 000 元。

（2）向银行提取现金 5 000 元，以备零用。

（3）从某地购入一批材料，其中，甲材料 2 000 公斤，单价 42 元，货款 84 000 元；乙材料 200 公斤，单价 55 元，货款 11 000 元。收到金额为 16 150 元的增值税专用发票一张，货款通过银行存款支付，材料尚未验收入库。

（4）以银行存款支付上批材料运杂费 440 元，按材料的重量比重进行分配。

（5）上批材料到达企业，并验收入库。

（6）生产部门领用甲材料 400 公斤，计 16 800 元，用于 A 产品的生产；领用乙材料 100 公斤，计 5 500 元，用于 B 产品的生产。

（7）从银行借入期限为 3 个月、年利率为 6%的借款 100 000 元，存入银行。

（8）行政部门以现金购买办公用品 800 元。

（9）王经理出差预借现金 3 000 元。

（10）生产车间领用乙材料 800 元，管理部门领用乙材料 200 元。

（11）计提本月应付工资 75 000 元。其中，生产 A 产品的工人工资 30 000 元，生产 B 产品的工人工资 26 000 元，车间管理人员的工资 9 000 元，企业管理人员的工资 10 000 元。

（12）开出现金支票提取现金 75 000 元以备发放工资，并于本日发放工资。

（13）按规定方法计提本月份的固定资产折旧 21 000 元。其中，生产部门用的固

定资产折旧为 20 000 元，管理部门用的固定资产折旧为 1 000 元。

（14）销售 A 产品取得收入 95 000 元，增值税 16 150 元。货款已通过银行收讫。

（15）结转上述产品销售成本 48 000 元。

要求：根据以上经济业务编制相应的会计分录，需要计算的要简要列出计算过程。

综合实训操作训练

实训资料：

江西先锋电子有限公司是从事产品生产的工业企业，主要生产甲、乙两种产品。

住所登记地址：江西省南昌市高新区创新八路 1 号。

法定代表人：邹小刚。

公司注册资本：100 万元。

企业法人执照注册号：501222201101049。

开户行：中国建设银行大院分理处。

账号：54030261039968。

税务登记号：360403159317552。

财务主管：王阳。

出纳：李小丽。

经税务部门核定，为一般纳税人，适用增值税税率为 17%。本企业采用使用通用记账凭证并采用记账凭证账务处理程序。

（1）2011 年 12 月 1 日总分类账户的期初余额如表 6-1 所示。

表 6-1

单位：元

科目名称	借　方	贷　方	科目名称	借　方	贷　方
库存现金	1 800		累计折旧		77 430
银行存款	101 850		短期借款		21 000
应收账款	36 000		应付账款		35 850
预付账款	19 500		预收账款		42 000
其他应收款	1 200		应付职工薪酬		7 354
原材料	27 750				
库存商品	88 650		实收资本		468 900
固定资产	387 150		盈余公积		7 320
利润分配	55 714		本年利润		59 760
合　计	719 614		合　计		719 614

（2）2011 年 12 月 1 号有关明细账户余额如下：

应收账款——大江公司　30 000

——黄河公司　6 000

应付账款——光大公司　20 850

——寒光公司　15 000

原材料——A 材料（2 000 千克，单价 10 元）　20 000

——B 材料（1 550 千克，单价 5 元）　7 750

实训要求：根据江西先锋电子有限公司12月份发生的业务以及提供的原始凭证或填写完整原始凭证后填制记账凭证并登记相应的总账和明细账。月末结账后，编制该公司2011年12月31日的资产负债表和2011年12月份的利润表。

江西先锋电子有限公司 12 月业务发生如下。

（1）1 日，开出现金支票 110 000 元，从银行提取现金备用（见图 6-1、表 6-2）。

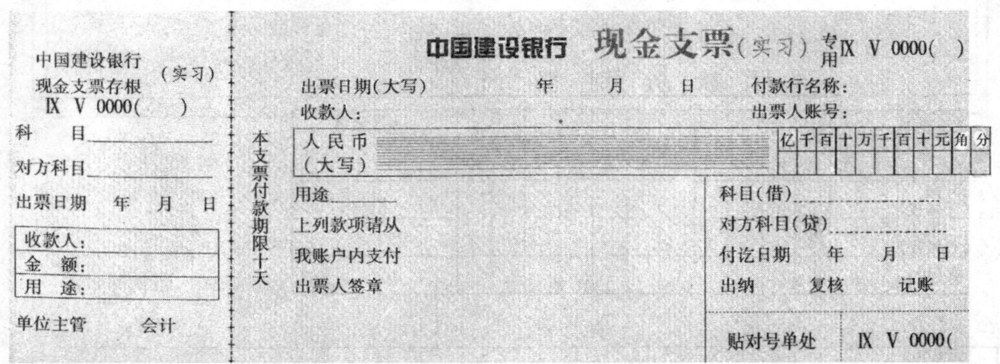

中国建设银行 现金支票存根（实习）
ⅨV 0000(　　)
科　目
对方科目
出票日期　年　月　日
收款人：
金　额：
用　途：
单位主管　会计

本支票付款期限十天

中国建设银行 现金支票（实习）专用 ⅨV 0000(　　)
出票日期(大写)　年　月　日　付款行名称：
收款人：　出票人账号：

人民币（大写）	亿	千	百	十	万	千	百	十	元	角	分

用途
上列款项请从
我账户内支付
出票人签章

科目(借)
对方科目(贷)
付讫日期　年　月　日
出纳　复核　记账
贴对号单处　ⅨV 0000(

图 6-1

表 6-2　**记账凭证**

年　月　日　记字第　号

摘　要	会计科目		借方金额	贷方金额	附件 张
	一级科目	明细科目			
合　计					

会计主管　记账　出纳　审核　制单

（2）1 日，向中国工商银行借入三个月期限借款 60 000 元存入银行，利率为 6%（见图 6-2、表 6-3）。

表 5－46　中国工商银行借款凭证（回单）

中国工商银行借款凭证（回单）

201×年 12 月 1 日

借款单位名称	南昌先锋电子有限公司	放款账户	90—65	结算账号	1409020102004008310
借款金额	人民币（大写）陆万元整			¥60 000.00	
用途	流动资金借款	期限：201×年 12 月 1 日起至 201×年 6 月 1 日		利率	6%

上列借款已收入你单位结算户内

此致　　　　（银行盖章）

201×年 12 月　日

图 6-2

表 6-3　　记账凭证

年　月　日　　　　记字第　号

摘　要	会计科目		借方金额	贷方金额
	一级科目	明细科目		
合计				

附件　张

会计主管　　记账　　出纳　　审核　　制单

（3）9 日，向大明工厂购入 A 材料 4 000 千克，每千克 10 元，B 材料 20 000 千克，单位成本 5 元材料。收到增值税专用发票金额为 23 800 元，已验收入库，价款以银行存款支付（见图 6-3、图 6-4、表 6-4）。

中国建设银行（实习）
转账支票存根
Ⅵ Ⅵ 000(　　)
科　目＿＿＿＿＿＿
对方科目＿＿＿＿＿＿
出票日期　年　月　日

收款人：
金　额：
用　途：

单位主管　　会计

本支票付款期限十天

中国建设银行　转账支票（实习）专用　Ⅵ Ⅵ 0000(

出票日期（大写）　年　月　日　付款行名称：
收款人：　出票人账号：

人民币（大写）	亿	千	百	十	万	千	百	十	元	角	分

用途＿＿＿＿　科目（借）＿＿＿＿＿＿
上列款项请从　对方科目（贷）＿＿＿＿＿＿
我账户内支付　转账日期　年　月　日
出票人签章　复核　记账

图 6-3

3600054140　**江西增值税专用发票**　№ 00359507
抵扣联
开票日期：2007 年 12 月 1 日

购货单位	名称：南昌先锋电子有限公司 纳税人识别号：360403159317552 地址、电话：青山湖大道381号　8732666 开户行及账号：建行大院分理处　54030261039968					密码区	-+>60 **<9+7<-<761><<+ +0478553+169*6+6-71>1 88>70881300>637<838<- 11>-330+-51>67521>>70		加密版本：01 3600054140 00359507
货物或应税劳务名称		规格型号	单位	数量	单价	金额		税率	税额
A材料			千克	4000.00	10.00	40000.00		17% .00	6800.00
B材料			千克	20000.00	5.00	100000		17%	17000.00
合　计						140000		17%	23800.00
价税合计（大写）		壹拾陆万叁千捌佰元整					（小写）¥ 163800.00		
销货单位	名称：大明工厂 纳税人识别号：360402100708648 地址、电话：迎宾大道109号 开户行及账号：工行北京西路支行　62087763					备注	360402100708648		

收款人：　复核：　开票人：李珊　销货单位：（发票专用章）

国税函（2005）520 号南昌华森实业公司

第一联：抵扣联　购货方扣税凭证

图 6-4

表 6-4　**记账凭证**

年　月　日　　记字第　号

摘　要	会计科目		借方金额	贷方金额
	一级科目	明细科目		
合计				

附件　张

会计主管　记账　出纳　审核　制单

（4）6 日用现金 100 000 元发放上月工资（见表 6-5、表 6-6）。

表 6-5　　工资发放明细表

部门：　　2011 年 6 日

编　号	姓　名	应发金额	应扣金额	实发金额
01	王鹏	15 000	1 000	14 000
02	刘霞	14 000	0	14 000
03	卢敏军	13 000	0	13 000
04	万竣工	10 000	0	10 000
05	李明雪	9 000	0	9 000
06	苏柳	9 000	0	9 000
07	沙壹锋	8 000	0	8 000
08	邹名利	8 000	0	8 000
09	黄梦	8 000	0	8 000
10	吴素萍	7 000	0	7 000
合　计		101 000	1 000	100 000.00

表 6-6　　记账凭证

年　月　日　　记字第　号

摘　要	会计科目		借方金额	贷方金额
	一级科目	明细科目		
合计				

附件　张

会计主管　　记账　　出纳　　审核　　制单

（5）8 日，开出现金支票，购买办公用品 800 元（见图 6-5、图 6-6、表 6-7）。

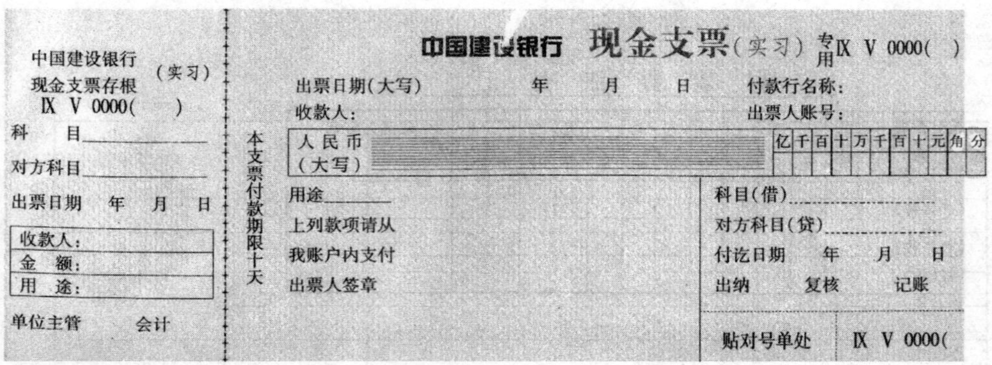
中国建设银行 现金支票存根（实习）

ⅨⅤ 0000(　　)

科　目

对方科目

出票日期　年　月　日

收款人：

金　额：

用　途：

单位主管　　会计

本支票付款期限十天

中国建设银行　现金支票（实习）　专用 ⅨⅤ 0000(　)

出票日期(大写)　年　月　日　付款行名称：

收款人：　出票人账号：

人民币（大写）　亿 千 百 十 万 千 百 十 元 角 分

用途

上列款项请从

我账户内支付

出票人签章

科目(借)

对方科目(贷)

付讫日期　年　月　日

出纳　复核　记账

贴对号单处　ⅨⅤ 0000(

图 6-5

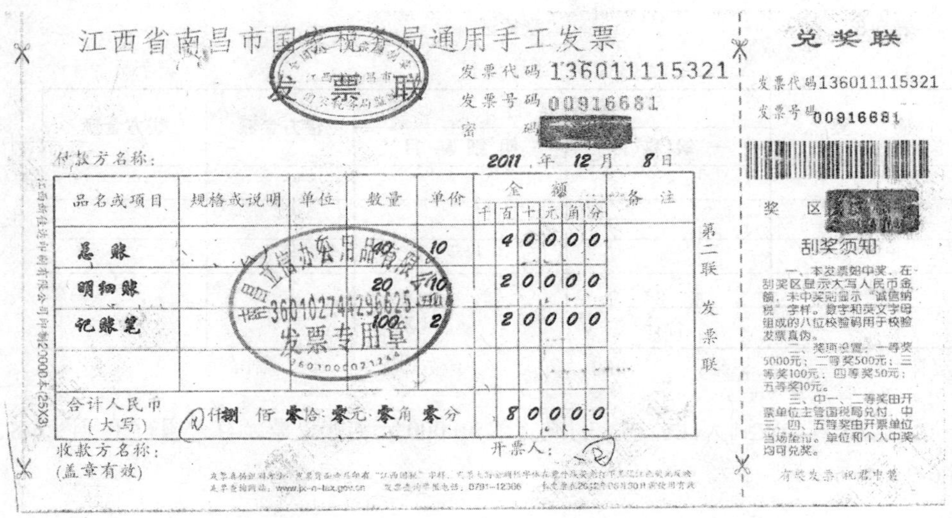
江西省南昌市国家税务局通用手工发票

发票联

发票代码 136011115321
发票号码 00916681

付款方名称:　　2011 年 12 月 8 日

品名或项目	规格或说明	单位	数量	单价	金额	备注
总账			40	10	40000	
明细账			20	10	20000	
记账笔			100	2	20000	
合计人民币（大写）	⊗仟捌佰零拾零元零角零分				80000	

收款方名称:（盖章有效）　　开票人:

第二联 发票联

兑奖联

发票代码136011115321
发票号码00916681

奖区

刮奖须知

图 6-6

表 6-7　　记账凭证

年　月　日　　记字第　号

摘　要	会计科目		借方金额	贷方金额
	一级科目	明细科目		
合计				

附件　张

会计主管　　记账　　出纳　　审核　　制单

（6）12 日，管理人员李飞出差，预借差旅费 1 000 元，以现金支付（见图 6-7、表 6-8）。

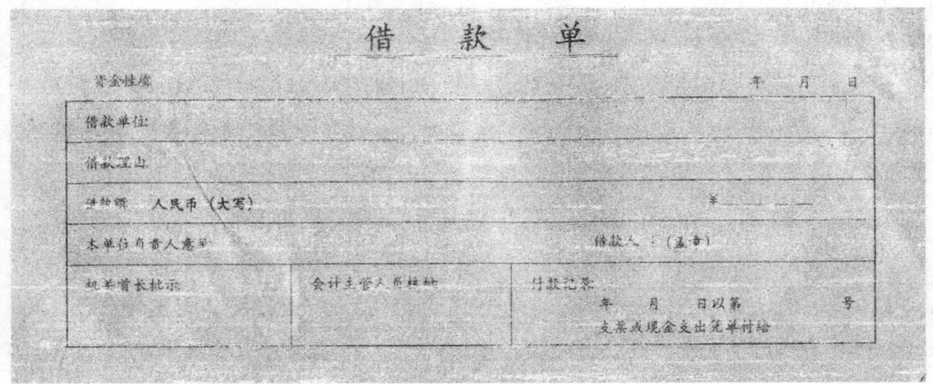
借　款　单

资金性质　　年　月　日

借款单位：

借款理由：

借款数额　人民币（大写）　　¥

本单位负责人意见：　　借款人：（盖章）

领导批示　　会计主管人员核批　　付款记录：　年　月　日以第　号　支票或现金支出凭单付给

图 6-7

表 6-8　　　　记账凭证

年　月　日　　　　记字第　号

摘　要	会计科目		借方金额	贷方金额
	一级科目	明细科目		
合计				

附件　张

会计主管　记账　出纳　审核　制单

（7）13 日，收到大江公司上月购货款 30 000 元转账支票，存入银行（见图 6-8、图 6-9、表 6-9）。

中国建设银行转账支票存根（实习）
Ⅵ Ⅵ 000(　)
科　目
对方科目
出票日期 201 年 12 月 13 日
收款人：南昌先锋公司
金　额：￥30000.00
用　途：货款
单位主管　会计

本支票付款期限十天

中国建设银行　转账支票（实习）专用　Ⅵ Ⅵ 0000(
出票日期（大写）　贰零壹壹年壹拾贰月壹拾叁日　付款行名称 建行高新区分理处
收款人：南昌先锋电子有限公司　出票人账号：62218986561
人民币（大写）　叁万元整　亿千百十万千百十元角分　￥3000000
用途 货款　科目（借）
上列款项请从　对方科目（贷）
我账户内支付　转账日期　年　月　日
出票人签章　复核　记账

图 6-8

（　　银行）进账单

年　月　日

收款人	全　称		付款人	全　称	
	账　号			账　号	
	开户行			开户行	
人民币（大写）			千百十万千百十元角分		
票据种类			说明：银行进账单为一式三联：①回单联；②银行记账联；③收款单位作收款凭证联。本实习资料只印制第一联，填列后在实习银行柜台盖章、作为入账凭证。		
票据张数					
单位主管　会计　复核　记账					

第一联：回单

图 6-9

表 6-9 **记账凭证**

年 月 日 记字第 号

摘 要	会计科目		借方金额	贷方金额
	一级科目	明细科目		
合计				

附件 张

会计主管 记账 出纳 审核 制单

（8）15 日，销售给大江公司甲产品 2 000 件，每件售价 300 元，计 600 000 元。增值税为 102 000 元，价税共计 702 000 元。收到对方开来的一张转账支票（见图 6-10、图 6-11 和表 6-10）。

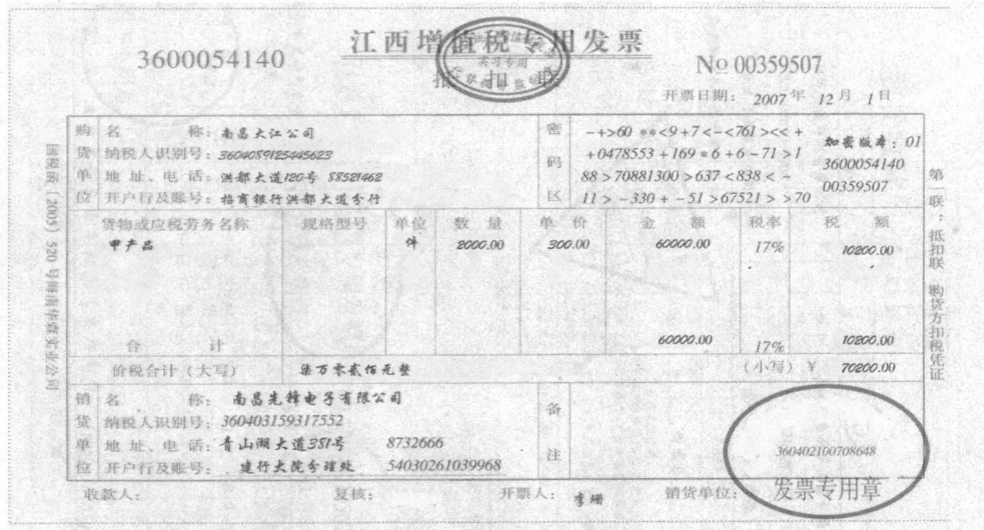

江西增值税专用发票

3600054140 抵扣联 № 00359507

开票日期：2007 年 12 月 1 日

购货单位	名 称：南昌大江公司 纳税人识别号：360405912544 5623 地 址、电 话：洪都大道120号 88521462 开户行及账号：招商银行洪都大道分行	密码区	−+>60 **<9+7<−<761><<+ +0478553+169*6+6−71>1 88>70881300>637<838<− 11>−330+−51>67521>>70	加密版本：01 3600054140 00359507

货物或应税劳务名称	规格型号	单位	数量	单价	金额	税率	税额
甲产品		件	2000.00	300.00	60000.00	17%	10200.00
合计					60000.00	17%	10200.00
价税合计（大写）	柒万零贰佰元整					（小写）¥	70200.00

销货单位	名 称：南昌先锋电子有限公司 纳税人识别号：360403159317552 地 址、电 话：青山湖大道381号 8732666 开户行及账号：建行大院分理处 54030261039968	备注	360402100708648 发票专用章

收款人： 复核： 开票人：李珊 销货单位：

国税函（2005）520 号南昌华建实业公司

第二联：抵扣联 购货方扣税凭证

图 6-10

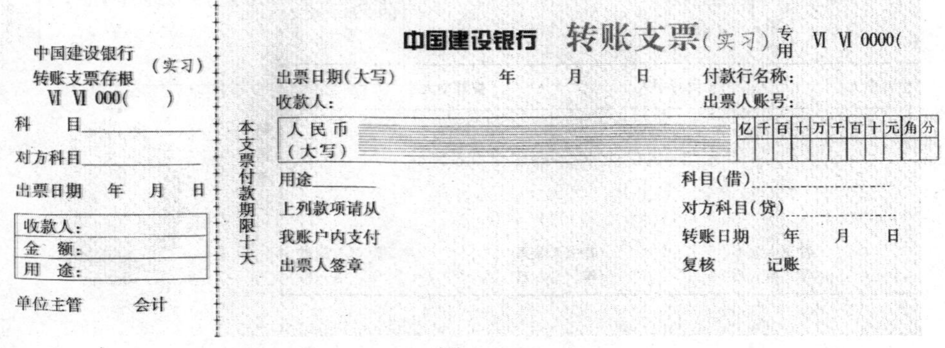

中国建设银行
转账支票存根 （实习）
Ⅵ Ⅵ 000（ ）

科 目____________
对方科目__________
出票日期 年 月 日

收款人：
金 额：
用 途：

单位主管 会计

本支票付款期限十天

中国建设银行 转账支票（实习）专用 Ⅵ Ⅵ 0000（

出票日期（大写） 年 月 日 付款行名称：
收款人： 出票人账号：

人民币（大写）	亿	千	百	十	万	千	百	十	元	角	分

用途________ 科目（借）________
上列款项请从 对方科目（贷）________
我账户内支付 转账日期 年 月 日
出票人签章 复核 记账

图 6-11

表 6-10　　　　　　　　　记账凭证

年　月　日　　　　　　　　记字第　号

摘　要	会计科目		借方金额	贷方金额
	一级科目	明细科目		
合计				

附件　张

会计主管　　记账　　出纳　　审核　　制单

（9）16 日，银行存款交纳上月增值税 12 000，营业税 1 200，城建税 924，教育费附加 396（见图 6-12、图 6-13 和表 6-11）。

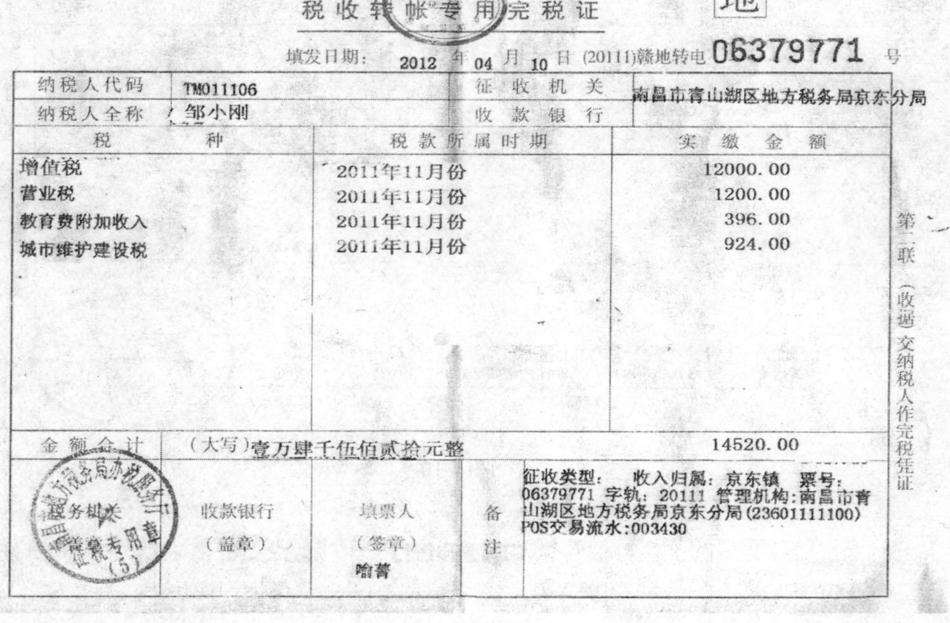

中华人民共和国
税收转帐专用完税证　　地

填发日期：2012 年 04 月 10 日　(2011)赣地转电 06379771 号

纳税人代码	TM011106	征收机关	南昌市青山湖区地方税务局京东分局
纳税人全称	邹小刚	收款银行	
税种	税款所属时期	实缴金额	
增值税	2011年11月份	12000.00	
营业税	2011年11月份	1200.00	
教育费附加收入	2011年11月份	396.00	
城市维护建设税	2011年11月份	924.00	
金额合计	（大写）壹万肆千伍佰贰拾元整	14520.00	
税务机关（盖章）	收款银行（盖章）	填票人（签章）喻菁	备注：征收类型： 收入归属：京东镇 票号：06379771 字轨：20111 管理机构：南昌市青山湖区地方税务局京东分局(23601111100) POS交易流水:003430

第二联（收据）交纳税人作完税凭证

图 6-12

中国建设银行 （实习）
转账支票存根
Ⅵ Ⅵ 000(　　)
科　　目＿＿＿＿＿＿
对方科目＿＿＿＿＿＿
出票日期　年　月　日

收款人：
金　额：
用　途：

单位主管　　会计

本支票付款期限十天

中国建设银行　转账支票（实习）专用　Ⅵ Ⅵ 0000(

出票日期(大写)　　年　　月　　日　　付款行名称：
收款人：　　出票人账号：

人民币（大写）	亿	千	百	十	万	千	百	十	元	角	分

用途＿＿＿＿　　科目(借)＿＿＿＿
上列款项请从　　对方科目(贷)＿＿＿＿
我账户内支付　　转账日期　年　月　日
出票人签章　　复核　　记账

图 6-13

表 6-11

记账凭证

年　月　日　　　　记字第　号

摘　要	会计科目		借方金额	贷方金额
	一级科目	明细科目		
合计				

附件　张

会计主管　　记账　　出纳　　审核　　制单

（10）18 日，李飞出差回来，经批准报销差旅费 900 元，余额归还（见表 6-12、表 6-13 和图 6-14）。

表 6-12

出差旅费报销单

报销日期：2011-12-18

部门			管理部门				出差人	李飞					出差事由	
出发				到达				交通工具	单据张数	车船费	住宿费			其他费用	
月	日	时	地点	月	日	时	地点				人数	天数	金额	项目	金额
12	13		南昌	12	13		武汉	火车	1	200. 00				市内车费	50.00
12	16		武汉	12	16		南昌	火车	1	200. 00				会务费	
								出租车			1	1	450. 00	住宿补贴	
合计									2	400. 00	（3）张		450. 00		50.00
报销总额	人民币(大写)		玖佰元整								¥		900. 00		

主管　　　　审核　　　　报销人

南昌市统一收款收据

（内部使用）

年　月　日　　№ 0000（　　　）

交款单位							
交款事项				交款方式			
金　额（大写）	（¥：　　）						
单位盖章		财务主管		记　账		出　纳	

第一联：存根（黑色）；　第二联：收据（红色）；　第三联：记账（绿色）

图 6-14

表 6-13

记账凭证

年　月　日　　　　记字第　号

摘　要	会计科目		借方金额	贷方金额
	一级科目	明细科目		
合计				

附件　张

会计主管　记账　出纳　审核　制单

（11）25 日，为生产甲产品领用 A 材料 4 000 千克，单位成本 10 元，B 材料 16 000 千克，单位成本 5 元。为生产乙产品领用 B 材料 2 000 千克，单位成本 5 元（见表 6-14～表 6-16）。

表 6-14

领　料　单

领料部门：　　　　　　　　　　开票日期　年　月　日　　　　　　　　字第　　号

材料编号	材料名称	规　格	单　位	请领数量	实发数量	计划价格	
						单　价	金　额

用　途		领料部门		发料部门	
		负责人	领料人	核准人	发料人

第一联：仓库（黑色）；　第二联：记账（红色）；　第三联：领料部门（绿色）

表 6-15

领　料　单

领料部门：　　　　　　　　　　开票日期　年　月　日　　　　　　　　字第　　号

材料编号	材料名称	规　格	单　位	请领数量	实发数量	计划价格	
						单　价	金　额

用　途		领料部门		发料部门	
		负责人	领料人	核准人	发料人

第一联：仓库（黑色）；　第二联：记账（红色）；　第三联：领料部门（绿色）

表 6-16

记账凭证

年　月　日　　　　　　　　记字第　号

摘　　要	会 计 科 目		借方金额	贷方金额
	一 级 科 目	明 细 科 目		
合计				

附件　　张

会计主管　　　记账　　　出纳　　　　审核　　　　　制单

（12）31 日，计提本月的短期借款利息 300 元（见表 6-17、表 6-18）。

表 6-17　　银行借款利息计提表

2011 年 12 月 31 日

借款种类	计息积数	利　率	本月应计利息	备　注
短期借款			300	
合　计			300	

表 6-18　　记账凭证

年　月　日　　记字第　号

摘　要	会计科目		借方金额	贷方金额
	一级科目	明细科目		
合　计				

附件　张

会计主管　　记账　　出纳　　审核　　制单

（13）31 日，按规定计提本月生产用固定资产折旧 12 000 元，行政部门固定资产折旧 6 000 元（见表 6-19、表 6-20）。

表 6-19　　固定资产折旧计算表

2011 年 12 月 31 日

使用部门	本月应计折旧固定资产原值	折旧率	折旧额
生产用固定资产	300 000.00	1%	3 000.00
行政部门固定资产	87 150.00	1%	871.50
合　计	387 150.00		3 871.5

表 6-20　　记账凭证

年　月　日　　记字第　号

摘　要	会计科目		借方金额	贷方金额
	一级科目	明细科目		
合　计				

附件　张

会计主管　　记账　　出纳　　审核　　制单

（14）31日，结转本月应付职工工资100 000元，其中，生产甲产品工人工资30 000元，生产乙产品工人工资40 000元，生产车间管理人员工资10 000元，行政管理人员工资20 000元（见表6-21、表6-22）。

表6-21　　工资费用分配汇总表

2011年12月31日

费用项目	甲产品	乙产品	生产车间	管理部门	合　计
生产成本	30 000	40 000			70 000
制造费用			10 000		10 000
管理费用				20 000	20 000
合计	30 000	40 000	10 000	20 000	100 000

表6-22　　记账凭证

年　月　日　　　　记字第　号

摘　要	会计科目		借方金额	贷方金额
	一级科目	明细科目		
合计				

附件　张

会计主管　　记账　　出纳　　审核　　制单

（15）31日，按工资总额的14%计提本月职工福利费14 000，其中，生产甲产品工人工资4 200元，生产乙产品工人工资5 600元，生产车间管理人员工资1 400元，行政管理人员工资2 800元（见表6-23、表6-24）。

表6-23　　工资费用分配汇总表

2011年12月31日

部门		工资总额	提取比例%	提取金额	备　注
生产工人	甲产品	30 000	14%	4 200	
	乙产品	40 000	14%	5 600	
生产管理人员		10 000	14%	1 400	
行政管理人员		20 000	14%	2 800	
合计		100 000		14 000	

表 6-24

记账凭证

年　月　日　　　　记字第　号

<table>
<tr><th rowspan="2">摘　要</th><th colspan="2">会计科目</th><th rowspan="2">借方金额</th><th rowspan="2">贷方金额</th><td rowspan="7">附
件

张</td></tr>
<tr><th>一级科目</th><th>明细科目</th></tr>
<tr><td></td><td></td><td></td><td></td><td></td></tr>
<tr><td></td><td></td><td></td><td></td><td></td></tr>
<tr><td></td><td></td><td></td><td></td><td></td></tr>
<tr><td></td><td></td><td></td><td></td><td></td></tr>
<tr><td colspan="3">合计</td><td></td><td></td></tr>
</table>

会计主管　　记账　　出纳　　审核　　制单

（16）31 日，开出转账支票，支付本月生产车间电费 20 000 元（见图 6-15、图 6-16）。

中国建设银行 转账支票存根（实习）
Ⅵ Ⅵ 000(　)
科　目＿＿＿＿＿＿
对方科目＿＿＿＿＿＿
出票日期　年　月　日

收款人:
金　额:
用　途:

单位主管　　会计

本支票付款期限十天

中国建设银行　转账支票（实习）专用　Ⅵ Ⅵ 0000(

出票日期（大写）　年　月　日　　付款行名称:
收款人:　　出票人账号:

人民币（大写）	亿	千	百	十	万	千	百	十	元	角	分

用途＿＿＿＿　　科目（借）……
上列款项请从　　对方科目（贷）……
我账户内支付　　转账日期　年　月　日
出票人签章　　复核　　记账

图 6-15

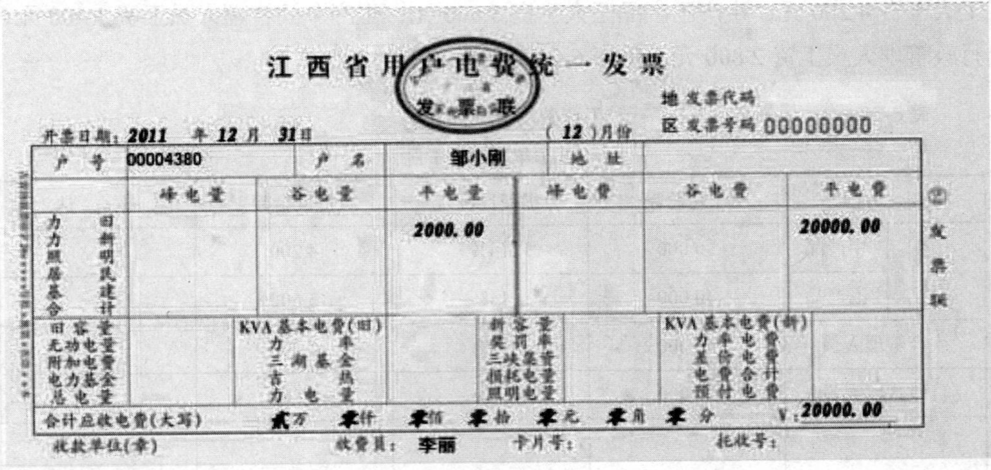

江西省用户电费统一发票

发票联

地　发票代码
区　发票号码 00000000

开票日期：2011 年 12 月 31 日　（12）月份

户　号	00004380	户　名	邹小刚	地　址	
	峰电量	谷电量	平电量	峰电费	谷电费	平电费
力力照居基合 / 回新明民建计			2000.00			20000.00
回容量 无功电量 附加电量 电力基金 总电量	KVA 基本电费（回） 力率 三峡基金 古热 力电量			新容量 奖罚率 三峡基金 损耗电量 照明电量	KVA 基本电费（新） 力率电费 基价电费 电费合计 预付电费	
合计应收电费（大写）	贰万 零仟 零佰 零拾 零元 零角 零分					¥：20000.00

收款单位（章）　　收费员：李丽　　卡片号：　　托收号：

②发票联

图 6-16

（17）31 日，将本月发生的制造费用转入生产成本（见表 6-25、表 6-26）。

表 6-25　　**制造费用分配表**

2011 年 12 月 31 日

产品名称	分配标准（生产工时）	分配率	应分配金额	备　注
甲产品	2 000			
乙产品	3 000			
合　计	3 000			

表 6-26　　**记账凭证**

年　月　日　　　　记字第　号

摘　要	会计科目		借方金额	贷方金额
	一级科目	明细科目		
合　计				

附件　张

会计主管　　记账　　出纳　　审核　　制单

（18）31 日，结转本月完工入库甲产品 600 件、乙产品 300 件的制造成本（假设产品全部完工），如表 6-27～表 6-30 所示。

表 6-27　　**产品成本计算单**

产品名称：甲产品　　2011 年 12 月 31 日

项　目	直接材料	直接人工	制造费用	合　计
本月发生生产成本				
完工产品总成本				
完工产品单位成本				

表 6-28　　**产品成本计算单**

产品名称：乙产品　　2011 年 12 月 31 日

项　目	直接材料	直接人工	制造费用	合　计
本月发生生产成本				
完工产品总成本				
完工产品单位成本				

表 6-29 **产成品入库单**

交库单位：生产车间　　　　2011 年 12 月 31 日

产品名称	质量等级	单 位	数 量	单位成本	金 额
甲产品	优	件	600		
乙产品	优	件	300		
合 计					

验收：李明　　　　制单：

表 6-30 **记账凭证**

年　月　日　　　　记字第　号

摘　要	会计科目		借方金额	贷方金额
	一级科目	明细科目		
合 计				

附件　张

会计主管　记账　出纳　审核　制单

（19）结转本月已销售甲产品 2 000 件，每件 100 元（见表 6-31、表 6-32）。

表 6-31 **产品销售成本计算表**

2011 年 12 月 31 日

产品名称	单 位	销售数量	单位成本	销售成本	备 注
甲产品	件				
乙产品	件				
合 计					

表 6-32 **记账凭证**

年　月　日　　　　记字第　号

摘　要	会计科目		借方金额	贷方金额
	一级科目	明细科目		
合 计				

附件　张

会计主管　记账　出纳　审核　制单

（20）31日，月末各损益类账户余额转入“本年利润”账户（见表6-33～表6-35）。

表6-33 结转“本年利润”明细表

2011年12月31日

账户名称	转入贷方金额	账户名称	转入借方金额
合计		合计	

表6-34 记账凭证

年 月 日 记字第 号

摘要	会计科目		借方金额	贷方金额
	一级科目	明细科目		
合计				

附件 张

会计主管 记账 出纳 审核 制单

表6-35 记账凭证

年 月 日 记字第 号

摘要	会计科目		借方金额	贷方金额
	一级科目	明细科目		
合计				

附件 张

会计主管 记账 出纳 审核 制单

（21）31日，按本月实现利润的25%计算应交所得税并结转（见表6-36～表6-38）。

表 6-36 **税金计算单**

2011 年 12 月 31 日

种　　类	计税依据	税　　率	税　　额	备　　注
所得税		25%		
合　计				

表 6-37 **记账凭证**

年　　月　　日　　　　记字第　号

摘　　要	会计科目		借方金额	贷方金额
	一级科目	明细科目		
合　计				

附件　张

会计主管　　记账　　出纳　　审核　　制单

表 6-38 **记账凭证**

年　　月　　日　　　　记字第　号

摘　　要	会计科目		借方金额	贷方金额
	一级科目	明细科目		
合　计				

附件　张

会计主管　　记账　　出纳　　审核　　制单

（22）31 日，将净利润转入“利润分配”账户（见表 6-39）。

表 6-39 **记账凭证**

年　　月　　日　　　　记字第　号

摘　　要	会计科目		借方金额	贷方金额
	一级科目	明细科目		
合　计				

附件　张

会计主管　　记账　　出纳　　审核　　制单

（23）31 日，按全年净利润的 15%提取盈余公积（见表 6-40 ~ 表 6-43）。

表 6-40

税后利润分配计算单

2011 年 12 月 31 日

项　目	税后利润	计提比例	分配金额	备　注
法定盈余公积		10%		
任意盈余公积		5%		
合　计				

表 6-41

记账凭证

年　月　日　　　　记字第　号

摘　要	会计科目		借方金额	贷方金额
	一级科目	明细科目		
合　计				

附件　张

会计主管　　记账　　出纳　　审核　　制单

（24）31 日，按全年净利润的 40%计算应付投资者利润。

表 6-42

税后利润分配计算单

2011 年 12 月 31 日

项　目	税后利润	计提比例	分配金额	备　注
法定盈余公积		10%		
任意盈余公积		5%		
合计				

表 6-43

记账凭证

年　月　日　　　　记字第　号

摘　要	会计科目		借方金额	贷方金额
	一级科目	明细科目		
合计				

附件　张

会计主管　　记账　　出纳　　审核　　制单

（25）31 日，将“利润分配”账户的明细账户除“未分配利润”账户外，其余账户结转为零（见表 6-44 ~ 表 6-75）。

表 6-44　　　　　　　　　　　　记账凭证

年　月　日　　　　　　　　　　记字第　号

摘　要	会计科目		借方金额	贷方金额	附件
	一级科目	明细科目			
					张
合计					

会计主管　　　记账　　　出纳　　　审核　　　制单

表 6-45　　　　　　　　　　　　银行存款日记账

2012 年		凭证		摘　要	对方科目	借　方	贷　方	余　额
月	日	字	号					

表 6-46

库存现金日记账

2012 年		凭　证		摘　要	对方科目	借　方	贷　方	余　额
月	日	字	号					

表 6-47

______总账

2012 年		凭　证		摘　要	借　方	贷　方	余　额
月	日	字	号				

表 6-48

______总账

2012 年		凭　证		摘　要	借　方	贷　方	余　额
月	日	字	号				

表 6-49

总账

2012 年		凭　证		摘　要	借　方	贷　方	余　额
月	日	字	号				

表 6-50

总账

2012 年		凭　证		摘　要	借　方	贷　方	余　额
月	日	字	号				

表 6-51

总账

2012 年		凭　证		摘　要	借　方	贷　方	余　额
月	日	字	号				

表 6-52

总账

2012 年		凭 证		摘 要	借 方	贷 方	余 额
月	日	字	号				

表 6-53

总账

2012 年		凭 证		摘 要	借 方	贷 方	余 额
月	日	字	号				

表 6-54

总账

2012 年		凭 证		摘 要	借 方	贷 方	余 额
月	日	字	号				

表 6-55 总账

2012 年		凭证		摘要	借方	贷方	余额
月	日	字	号				

表 6-56 总账

2012 年		凭证		摘要	借方	贷方	余额
月	日	字	号				

表 6-57 总账

2012 年		凭证		摘要	借方	贷方	余额
月	日	字	号				

表 6-58　　　　　　　　　　　　　　　　　　总账

2012 年		凭　证		摘　要	借　方	贷　方	余　额
月	日	字	号				

表 6-59　　　　　　　　　　　　　　　　　　总账

2012 年		凭　证		摘　要	借　方	贷　方	余　额
月	日	字	号				

表 6-60　　　　　　　　　　　　　　　　　　总账

2012 年		凭　证		摘　要	借　方	贷　方	余　额
月	日	字	号				

表 6-61

总账

2012 年		凭 证		摘 要	借 方	贷 方	余 额
月	日	字	号				

表 6-62

总账

2012 年		凭 证		摘 要	借 方	贷 方	余 额
月	日	字	号				

表 6-63

总账

2012 年		凭 证		摘 要	借 方	贷 方	余 额
月	日	字	号				

表 6-64

总账

2012 年		凭　证		摘　要	借　方	贷　方	余　额
月	日	字	号				

表 6-65

总账

2012 年		凭　证		摘　要	借　方	贷　方	余　额
月	日	字	号				

表 6-66

总账

2012 年		凭　证		摘　要	借　方	贷　方	余　额
月	日	字	号				

表 6-67

总账

2012 年		凭证		摘要	借方	贷方	余额
月	日	字	号				

表 6-68

应收账款——

2012 年		凭证		摘要	借方	贷方	余额
月	日	字	号				

表 6-69

应收账款——

2012 年		凭证		摘要	借方	贷方	余额
月	日	字	号				

表 6-70

原材料——

计量单位：

年		凭证号数	摘　要	借方（收入）			贷方（发出）			结　存		
月	日			数量	单价	金额	数量	单价	金额	数量	单价	金额

表 6-71

原材料——

计量单位：

年		凭证号数	摘　要	借方（收入）			贷方（发出）			结存		
月	日			数量	单价	金额	数量	单价	金额	数量	单价	金额

表 6-72

管理费用明细账

年		凭证号数	摘　要	借　方					余额
月	日								

表 6-73

生产成本 明细账

年		凭证号数	摘 要	借 方		余额
月	日					

表 6-74

资产负债表

编制单位:　　　　年　月　日　　　　单位：　元

资　　产	期末余额	年初余额	负债和所有者权益（或股东权益）	期末余额	年初余额
流动资产：			流动负债：		
货币资金			短期借款		
交易性金融资产			交易性金融负债		
应收票据			应付票据		
应收账款			应付账款		
预付款项			预收款项		
应收利息			应付职工薪酬		
应收股利			应交税费		
其他应收款			应付利息		
存货			应付股利		
一年内到期的非流动资产			其他应付款		
其他流动资产			一年内到期的非流动负债		
流动资产合计			其他流动负债		
非流动资产：			流动负债合计		
可供出售金融资产			非流动负债：		
持有至到期投资			长期借款		
长期应收款			应付债券		
长期股权投资			长期应付款		
投资性房地产			专项应付款		
固定资产			预计负债		
在建工程			递延所得税负债		
工程物资			其他非流动负债		
固定资产清理			非流动负债合计		
生产性生物资产			负债合计		

续表

资 产	期末余额	年初余额	负债和所有者权益（或股东权益）	期末余额	年初余额
油气资产			所有者权益（或股东权益）：		
无形资产			实收资本（或股本）		
开发支出			资本公积		
商誉			减：库存股		
长期待摊费用			盈余公积		
递延所得税资产			未分配利润		
其他非流动资产			所有者权益合计		
非流动资产合计					
资产总计			负债和所有者权益合计		

表 6-75　　利 润 表

编制单位：　　年度　　单位：元

项 目	本 期 金 额	上 期 金 额
一、营业收入		（略）
减：营业成本		
营业税金及附加		
销售费用		
管理费用		
财务费用		
资产减值损失		
加：公允价值变动收益（损失以“–”号填列）		
投资收益（损失以“–”号填列）		
其中：对联营企业和合营企业的投资收益		
二、营业利润（亏损以“–”号填列）		
加：营业外收入		
减：营业外支出		
其中：非流动资产处置损失		
三、利润总额（亏损总额以“–”号填列）		
减：所得税费用		
四、净利润（净亏损以“–”号填列）		
五、每股收益		
（一）基本每股收益		
（二）稀释每股收益		